Hilde Domin

GESAMMELTE
GEDICHTE

S. Fischer

2. Auflage: 7.-9. Tausend
© 1987 S. Fischer Verlag GmbH, Frankfurt am Main
Umschlaggestaltung: Buchholz/Hinsch/Walch
Frontispiz: Foto von Hermann Speer
Satz: Fotosatz Otto Gutfreund, Darmstadt
Druck und Einband: Franz Spiegel Buch GmbH, Ulm
Printed in Germany 1988
ISBN 3-10-015304-9

Zur Edition

Die bisherigen vier Gedichtbände wurden als Koordinaten
benutzt, in die die gesammelten und die unveröffentlichten
Gedichte nach Entstehungszeit und innerem Zusammen-
hang eingefügt wurden. – Nur einer der alten Buchtitel ist
beibehalten.

APFELBAUM UND OLIVE

Verlorene Schritte tu ich
auf Erden, denn alles ist Luft.
Lope de Vega

für E.

I

Ziehende Landschaft

Man muß weggehen können
und doch sein wie ein Baum:
als bliebe die Wurzel im Boden,
als zöge die Landschaft und wir ständen fest.
Man muß den Atem anhalten,
bis der Wind nachläßt
und die fremde Luft um uns zu kreisen beginnt,
bis das Spiel von Licht und Schatten,
von Grün und Blau,
die alten Muster zeigt
und wir zuhause sind,
wo es auch sei,
und niedersitzen können und uns anlehnen,
als sei es an das Grab
unserer Mutter.

Apfelbaum und Olive

Ein Trost ist, zu wissen
wo die Tassen stehn und die Teller
in dem Haus, in dem du zu Gast bist,
und einen Anteil zu haben
an der Zärtlichkeit von Katze und Hund
deines Freunds,
und die Tücke des Fahrrads zu kennen
als sei es dein eignes,
auf dem du mit der verblichenen Tasche
in das fremde Dorf fahren darfst,
und die Milch auf dem Weg zu verschütten
als habest du selbst
den Deckel der alten Kanne
vor Jahren
auf diesem Wege verloren.
Du gehst durch das Gartentor
und machst es hinter dir zu,
als stehe die Bank
für dich vor dem Haus,
und siehst die andern draußen vorbeigehn,
du,
der Wandrer
von Tag zu Tag
und von Land zu Land,
an dem das Wort
von der Flüchtigkeit
allen Hierseins
Fleisch ward.

Du, den jede Wand
aufgibt,
und den es oft nach des Zirkuskinds
fahrbarer Höhle verlangt.

Zwar, der Apfelbaum und die Olive
sind überall dein,
und in fernen Ländern
schiebt man dir einen Stuhl an den Tisch
an der Seite der Hausfrau,
und jedes gibt dir von seinem Teller
wenn die Schüssel schon leer ist,
als habe ein Kind sich verspätet,
nicht als kämest du eben vom Flugplatz.
Und die dunkeln Mangobäume
und die Kastanien
wachsen Seite bei Seite
in deinem Herzen.

Du weißt, wie die hohen Gräser
an den Rändern der Inseln rascheln
in allen südlichen Meeren,
wie staubig die Kaktuswege sind,
und du gehst durch die schaumigen Wiesen und kennst
ihren bunten Kalender.
Du spielst mit dem Wind
und bläst die hellen Kugeln
des Löwenzahns in die Luft
und siehst dem Schweben
der kleinen weißen Schirme mit zu
– so leicht, so widerstandslos vor dem Wehn
wie du selbst.

Irgendwo
dürfen sie landen.

Dann fährst du die Straße hinab
als glittest du auf einem Schlitten
an den Pappeln vorbei
in die Abendsonne.
Ein Reh tritt aus dem Wald,
und eine kleine Kirche auf einem Hügel
mit einem einsamen Kirchhof
winkt dir zu.
Du wägst ihren Gruß
wie eine Einladung,
die man eines Tages
– noch ungewiß, wann –
vielleicht gerne
annehmen möchte.

Und daran erkennst du,
daß du
hier ein wenig mehr
als an andern Stätten
zuhaus bist.

Herbstzeitlosen

Für uns, denen der Pfosten der Tür verbrannt ist,
an dem die Jahre der Kindheit
Zentimeter für Zentimeter
eingetragen waren.

Die wir keinen Baum
in unseren Garten pflanzten,
um den Stuhl
in seinen wachsenden Schatten zu stellen.

Die wir am Hügel niedersitzen,
als seien wir zu Hirten bestellt
der Wolkenschafe, die auf der blauen
Weide über den Ulmen dahinziehn.

Für uns, die stets unterwegs sind
– lebenslängliche Reise,
wie zwischen Planeten –
nach einem neuen Beginn.

Für uns
stehen die Herbstzeitlosen auf
in den braunen Wiesen des Sommers,
und der Wald füllt sich
mit Brombeeren und Hagebutten –

Damit wir in den Spiegel sehen
und es lernen
unser Gesicht zu lesen,
in dem die Ankunft
sich langsam entblößt.

Gleichgewicht

Wir gehen
jeder für sich
den schmalen Weg
über den Köpfen der Toten
– fast ohne Angst –
im Takt unsres Herzens,
als seien wir beschützt,
solange die Liebe
nicht aussetzt.

So gehen wir
zwischen Schmetterlingen und Vögeln
in staunendem Gleichgewicht
zu einem Morgen von Baumwipfeln
– grün, gold und blau –
und zu dem Erwachen
der geliebten Augen.

Aussaat

In das Blumenbeet
meiner Hüften
will ich deine Augen säen
ehe die goldenen Blätter fallen
und uns zudecken.

Damit sie im Frühling
mit den Narzissen und Hyazinthen
die neuen Lider öffnen.

Rückzug

Meine Rechte (wer glaubt es ihr heut?)
war einstmals eine offene Rose
voller Schmetterlinge.
Plötzlich, fast ohne Vorbereitung,
wie einer gestoßen wird und fällt,
hat sie ihre Blätter verloren
und war blaß und nackt:
eine Menschenhand
wie alle andern.
Du erinnerst dich.
Die Schale meiner Linken,
die deine Vögel tränkte,
zerbrach.
Du weißt, wie lange die Scherben
in unserem Garten lagen.
Es ist wahr, ich konnte mich damals
in eine Wand von blühendem Wein verwandeln
für deine Bienen.
Die Jahreszeit war
kaum von Bedeutung –
vor diesem Tag,
an dem ich meine Hände
auf den Tisch legte,
und sie leer waren.

Seither bin ich bescheiden geworden,
ich gehe mit einem Netz auf den Markt,
wo gewogen und abgeschnitten wird,

und habe dir Tassen und Teller gekauft
wie eine richtige Hausfrau.

Aber wenn du weinst
und dich hilflos
im Schlafe beklagst,
dann wachsen meinem Herzen
kleine schmerzende Flügel,
und ich fühle seine Ungeduld
in meinem Hals,
daß mir der Atem vergeht.

II

Wo steht unser Mandelbaum

Ich liege
in deinen Armen, Liebster,
wie der Mandelkern in der Mandel.
Sag mir: wo steht
unser Mandelbaum?

Ich liege in deinen Armen
wie in einem Schiff,
ohne Route noch Hafen,
aber mit Delphinen am Bug.

Unter unserem Rücken
ein Band von Betten,
unsere Betten in den vielen Ländern,
im Nirgendwo der Nacht,
wenn rings ein fremdes Zimmer versinkt.

Wohin wir kamen
– wohin wir kommen, Liebster,
alles ist anders,
alles ist gleich.

Überall wird das Heu
auf andere Weise geschichtet
zum Trocknen
unter der gleichen
Sonne.

Aufbruch ohne Gewicht

Weiße Gardinen, leuchtende Segel
an meinem Fenster
am Hudson,
im zehnten Stock des Hotels
hell in die Sonne gebläht und knatternd im Meerwind.

Versprechen, Ausfahrt
nachhause,
zum Stelldichein mit mir selbst.
Aufbruch ohne Gewicht,
wenn das Herz den Körper verbrannt hat.

Segel so möwenleicht
über das offene Blau.
Das Zimmer ist unterwegs.
Aber das Meer
ist abgesteckt wie ein Acker.

Bau mir ein Haus

Der Wind kommt.

Der Wind, der die Blumen kämmt
und die Blüten zu Schmetterlingen macht,
der Tauben steigen läßt aus altem Papier
in den Schluchten Manhattans
himmelwärts, bis in den zehnten Stock,
und die Zugvögel an den Türmen
der Wolkenkratzer zerschellt.

Der Wind kommt, der salzige Wind,
der uns übers Meer treibt
und uns an einen Strand wirft
wie Quallen,
die wieder hinausgeschwemmt werden.
Der Wind kommt.
Halte mich fest.

*

Ach, mein heller Körper aus Sand,
nach dem ewigen Bilde geformt, nur
aus Sand.
Der Wind kommt
und nimmt einen Finger mit,
das Wasser kommt
und macht Rillen auf mir.
Aber der Wind

legt das Herz frei
– den zwitschernden roten Vogel
hinter den Rippen –
und brennt mir die Herzhaut
mit seinem Salpeteratem.
Ach, mein Körper aus Sand!
Halte mich fest,
halte
meinen Körper aus Sand.

*

Laß uns landeinwärts gehn,
wo die kleinen Kräuter die Erde verankern.
Ich will einen festen Boden,
grün, aus Wurzeln geknotet
wie eine Matte.
Zersäge den Baum,
nimm Steine
und bau mir ein Haus.

Ein kleines Haus
mit einer weißen Wand
für die Abendsonne
und einem Brunnen für den Mond
zum Spiegeln,
damit er sich nicht,
wie auf dem Meere,
verliert.
Ein Haus
neben einem Apfelbaum
oder einem Ölbaum,

an dem der Wind
vorbeigeht
wie ein Jäger, dessen Jagd
uns
nicht gilt.

Wie wenig nütze ich bin

Wie wenig nütze ich bin,
ich hebe den Finger und hinterlasse
nicht den kleinsten Strich
in der Luft.

Die Zeit verwischt mein Gesicht,
sie hat schon begonnen.
Hinter meinen Schritten im Staub
wäscht Regen die Straße blank
wie eine Hausfrau.

Ich war hier.
Ich gehe vorüber
ohne Spur.
Die Ulmen am Weg
winken mir zu wie ich komme,
grün blau goldener Gruß,
und vergessen mich,
eh ich vorbei bin.

Ich gehe vorüber –
aber ich lasse vielleicht
den kleinen Ton meiner Stimme,
mein Lachen und meine Tränen
und auch den Gruß der Bäume im Abend
auf einem Stückchen Papier.

Und im Vorbeigehn,
ganz absichtslos,
zünde ich die ein oder andere
Laterne an
in den Herzen am Wegrand.

Vorsichtige Hoffnung

Weiße Tauben
im Blau
verbrannter Fensterhöhlen,
werden die Kriege für euch geführt?

Weiße Taubenschnur
durch die leeren Fenster
über die Breitengrade hinweg.
Wie Rosensträucher auf Gräbern
achtlos nehmt ihr das Unsre.
Auf den mit Tränen gewaschenen Stein
setzt ihr das kleine Nest.

Wir bauen neue Häuser,
Tauben,
die Schnäbel der Krane ragen
über unseren Städten,
eiserne Störche, die Nester für Menschen richten.
Wir bauen Häuser
mit Wänden aus Zement und Glas
an denen euer rosa Fuß
nicht haftet.
Wir räumen die Ruinen ab
und vergessen die äußerste Stunde
im toten Auge der Uhr.
Tauben, wir bauen für euch:
ihr werdet
in den glatten Wänden nisten,

ihr werdet
durch unsere Fenster fliegen
ins Blau.

Und vielleicht sind dann ein paar Kinder da
– und das wäre sehr viel –,
die unter euch
in den Ruinen
unserer neuen Häuser,
der Häuser, die wir mit den hohen Kranen
den Tag und die Nacht durch bauen,
Verstecken spielen.

Und das wäre sehr viel.

Abschied aus Andalusien

für Bernabé und Quinín

Der Ginster stand voll silberner Schoten,
der Lavendel war abgeblüht,
und die Bauern ritten auf kleinen Eseln
hinauf, in ihre weißen Dörfer.
Mit schweren Eutern wurden die Ziegen
in die Gehöfte geführt.

Da stand ein Stein,
ein grauer Stein,
auf einem Hügel im Feld.
»Lieber Stein«, sagte ich,
»nimm mich an,
als seist du ein kleiner niedriger Stuhl
vor einem Herdfeuer
an dem ein Topf Milch steht.
Bei dir will ich bleiben.

Ich will auspacken,
und wie ein Kind
seine Taschen umdreht
und seine Murmeln
und einen zerdrückten Maikäfer
auf dem Boden ausbreitet,
will ich das Meine um dich legen.«

Und alle meine Gegenstände,
so viele unnütze Gegenstände,
lagen auf dem Feld

und warfen lange Schatten
in der Abendsonne.
Weiter unten am Weg
glühten drei rote Mohnblumen
bei einem Ölbaum.

Ich legte meinen Kopf
auf die Schreibmaschine
und sah in den Himmel,
und die eiligen Schwalben
wie Weberschiffchen
woben mir ein Dach,
ein durchsichtiges Dach
aus Bahnen von hellblauem Nichts
über meinem Kopf.

Aber wie die Nacht kam
mit ihrem Krötenorchester
– der Feigenbaum im Tal
war längst in grünen Halmen ertrunken –
gab mir der Stein
eine kleine gelbe Margerite
als Hausschlüssel.

Damit schloß ich den Hügel auf,
den nächsten
der vielen spitzen Hügel am Meer,
und ging hinein
und hatte eine Wohnung
bei den Wurzeln
der Blumen.

Auf der Terrasse

Das Meer, perlensanft gerieft
und silbern wie Taubenflügel,
kommt von weit
auf mich zu und leckt mich
mit winzigen Wellen
wieder und wieder
und läßt nicht nach
als sei ich sein Junges.
Seine zarte Zunge
auf meinen Augen,
unermüdlich
vor dem weißen Himmel,
hypnotisiert mich
durch das Glas der Terrasse hindurch
mit dem schimmernden Streicheln,
bis es mich anbindet
mit hängenden Armen
auf meinem Stuhl
und vor mir
die Schreibmaschine
verwaist.

Mäher

Glanz, der nicht ruht, Klinge
in weitem Bogen geführt,
Sichel aus Sonne.

Ich liege da wie die Wiese
und spüre dein Messer,
Mäher,
unaufhaltsam und kalt,
wie es naht.

Und alle Blumen
erschrecken
auf meinem Herzen.

Willkürliche Chronologie

Die Totenmaske jedes Tages
den du gelebt,
so ungleich geprägt
der Abdruck des Herzens.

Blicklose Tage
wie die Blinden
in den Straßen Sevillas.
Ketten von Blinden
an einem Stab.
Umsonst die Segel auf den Balkonen
und auf den Dächern,
der Ruf zur Fahrt,
das helle Blau.
Wenn die Blinden kommen
eingesammelt an ihrem Stab,
nichts als Blinde
von einer Straßenseite zur andern.
Arme Blinde in Bastschuhn,
wenn Abend wird
und ein Kind genügt
für eine Schnur von Männern.

Tage wie Segel so hell,
so weiß in blau,
Leintücher für ein Bett
für einen oder zwei,
tanzend über den Häusern.

Das Haus,
die Straße,
der Tag,
alles fährt,
so leicht,
so fremd, so vertraut,
so wach im Atem der Luft.
Ein Bettuch als Segel genügt
für jedes Schiff.

Tage
wie ein Hausflur so dunkel
wenn du hingefallen bist und es
sehr weh tut
und du sehr klein bist
und alle Klinken zu hoch
und keine Türe sich öffnet,
und niemand
dich bei der Hand nimmt.

Tage so blicklos und zögernd,
so schnell, so blau, so weiß,
so bitter wie die Orangen
an den Orangenbäumen Sevillas,
für die der Zucker
auf fernen Inseln wächst.

Die Heiligen

Die Heiligen in den Kapellen
wollen begraben werden, ganz nackt,
in Särgen aus Kistenholz
und wo niemand sie findet:
in einem Weizenfeld
oder bei einem Apfelbaum
dem sie blühen helfen
als ein Krumen Erde.
Die reichen Gewänder, das Gold und die Perlen,
alle Geschenke der fordernden Geber,
lassen sie in den Sakristeien,
das Los, das verlieren wird, unter dem Sockel.
Sie wollen ihre Schädel und Finger einsammeln
und aus den Glaskästen nehmen
und sie von den Papierrosen ohne Herbst
und den gefaßten Steinen
zu den welken Blumenblättern bringen
und zu den Kieseln am Fluß.

Sie verstehen zu leiden,
das haben sie bewiesen.
Sie haben für einen Augenblick
ihr eigenes Schwergewicht überwunden.
Das Leid trieb sie hoch,
als ihr Herz den Körper verzehrte.
Sie stiegen wie Ballons, federleicht,
und lagen in der Schwebe auf ihrem wehen Atem
als sei er eine Pritsche.

Deshalb lächeln sie jetzt,
wenn sie an Feiertagen
auf schweren geschmückten Podesten
auf den Schultern von achtzig Gläubigen
(denen man das Brot zur Stärkung voranträgt)
in Baumhöhe durch die Straßen ziehn.

Doch sie sind müde
auf den Podesten zu stehn
und uns anzuhören.
Sie sind wund vom Willen zu helfen,
wund, Rammbock vor dem Beter zu sein,
der erschrickt
wenn das Gebet ihm gewährt wird,
weil Annehmen
so viel schwerer ist als Bitten
und weil jeder die Gabe nur sieht
die auf dem erwarteten Teller gereicht wird.
Weil jeder doch immer von Neuem
in den eigenen Schatten tritt,
der ihn schmerzt.
Sie sehen den unsichtbaren Kreis
um den Ziehbrunnen,
in dem wir uns drehn
wie in einem Gefängnis.
Jeder will den Quell
in dem eigenen Grundstück,
keiner mag in den Wald gehn.
Der Bruder wird nie
das Feuer wie Abel richten
und doch immer gekränkt sein.

Sie sehen uns wieder und wieder
aneinander vorbeigehn
die Minute versäumend.
Wir halten die Augen gesenkt.
Wir hören den Ruf,
aber wir heben sie nicht.
Erst danach.
Es macht müde zu sehn
wie wir uns umdrehn
und weinen.
Immer wieder
uns umdrehn und weinen.
Und die Bitten zu hören
um das gestern Gewährte.
Nachts wenn wir nicht schlafen können
in den Betten, in die wir uns legen.
Sie sind müde
Vikare des Unmöglichen auf Erden
zu sein, des gestern Möglichen.
Sie möchten Brennholz
in einem Herdfeuer sein
und die Milch der Kinder wärmen
wie der silberne Stamm einer Ulme.

Sie sind müde, aber sie bleiben,
der Kinder wegen.
Sie behalten den goldenen Reif auf dem Kopf,
den goldenen Reif,
der wichtiger ist als die Milch.
Denn wir essen Brot,
aber wir leben von Glanz.
Wenn die Lichter angehn

vor dem Gold,
zerlaufen die Herzen der Kinder
und beginnen zu leuchten
vor den Altären.
Und darum gehen sie nicht:
damit es eine Tür gibt,
eine schwere Tür
für Kinderhände,
hinter der das Wunder
angefaßt werden kann.

Auf welch verläßlichen Stern?

Das kleine schwarze Schaf
das stößige
mit der weißen Locke
und den zärtlichen Augen,
wo führ ich es hin, wo schließ ich es weg,
in welch sicheren Stall,
mein kleines schwarzes Schaf,
mein einziges Schaf,
wenn die Gefahr kommt,
die furchtbare Pest
die alle Herden verseucht?

Schon öffnen sie die Gräben
für das große Sterben
und halten die Fackeln bereit
für das Verbrennen der Leichen.
Ich armer hilfloser
Hirte,
mein Schäfchen mit den zärtlichen Augen,
auf welche Alm,
auf welch verläßlichen Stern
mit guten Kräutern
rett ich es hin?

* Schottisch: *Schäfchen.*

Denn Gott gab mir das Schaf,
das stößige kleine Schaf
mit den zärtlichen Augen,
und sagte: »Hier hast du dein Schaf,
ein lebendiges Schaf
für die grünen Weiden des Herzens.
Du darfst mit ihm spielen.
Du bist nicht mehr allein.
Doch Eines erwart ich von dir
in diesem Leben – nichts sonst:
paß mir gut auf auf mein Schaf.«

Ich lade dich ein

Liebster, ich lade dich ein,
komm in das Haus unsrer Wünsche
und häng deinen Hut an die Wand,
den Hut mit dem kleinen Schußloch.
Denn ich habe das Haus
ganz nach deinem Befehle gebaut.
Es ist alles darin, was wir brauchen.
Der blaue Himmel der Tropen,
die leichte Luft von Madrid,
doch ohne den lästigen Wind, der
dir die Papiere zerzaust.
Die Zimmer sind im gobelinweichen Grün
der Hänge von Heidelberg gestrichen.
Ich geb dir die alte Brücke als Bett
mit einer Lastexmatratze darauf.
Es riecht nach den Glyzinien
der Via Monte Tarpeo,
Marc Aurel ist wieder unser Portier.
Des Abends vergoldet die Sonne den Tiber,
dann singt uns die Nachtigall am Palatin.
Danach gehen wir in die Kammerspiele,
in die Scala oder Old Vic,
oder sehn den großen Barrault,
ob Paris ihn gerade mag oder nicht.
Du hast immer Zeit,
und es fällt dir was ein, wenn du Zeit hast.
(Die Schreibmaschine kopiert von allein,
völlig geräuschlos, versteht sich.)

Und was du schreibst,
wird im ersten Monat gedruckt
und sofort darauf rezensiert
und gefällt dir und den andern, und das mit Recht,
denn es ist bahnbrechend, einfach und gut
und zur richtigen Stunde gesagt. –
Und für die Flauten schreibt Händel
dir neue Concerti Grossi,
weil du die alten schon kennst,
und der tote Busch dirigiert.
Dann ißt du gebratene Enten
und Frühlingssalat aus Florenz.
Wir spülen nie. Die Teller
werfen wir zum Fenster hinaus,
wie in Rom in der Neujahrsnacht.
Sei unbesorgt, sie fallen
niemand auf den Kopf,
denn unten ist keine Straße.
Deswegen ist's auch so ruhig,
und nichts stört deinen Schlaf
(und morgens bleibt dir nie
ein weißes Haar an der Bürste).
Dabei sind die Oper und das Kino
mit ausgewähltem Programm
gleich um die nächste Ecke,
und dort stehen auch die Museen.
Die frühen Kulturen sind gut vertreten,
die fernöstliche Sammlung ist exquisit,
und ein Wiener Café in der Nähe.
Dort sehen wir rasch die Zeitungen durch,
sie sind, wie immer,
empörend interessant,

nur ist alles viel weiter weg.
Wir lesen mit kopfschüttelndem Entsetzen,
wie die Schwalben vom Himmel fallen
nach den Atomexplosionen
auf einer anderen Erde.
Dann gehn wir nachhause, und du schläfst Siesta,
und für mich steht bei der Terrasse ein Baum
mit dem unentbehrlichen grünblauen Muster.
Wir arbeiten viel,
und wir lachen noch mehr,
und wir haben reizende Gäste
– wer käme nicht gern in das Haus? –
denen liest du in allen Sprachen,
am liebsten auf deutsch,
das Geschriebene vor.
Dann fahren wir zusammen zu Martha Graham
oder zum Negerballett von Port-au-Prince,
oder machen einen kurzen Mondscheinspaziergang
in den Löwenhof der Alhambra.
Der Briefträger, mein Herz, kommt pünktlich
zum Frühstück,
gleich nach dem blauweißen Gruß
der kleinen Möwen über der See,
und bringt Liebesbriefe von deinem Verleger
und Angebote von Stellen, die du nicht brauchst.
Denn du hast, was du wünschst,
und du tust, was du magst.
Und du tobst nur ganz selten,
damit ich behalte, wie gut du es kannst,
und bist viel geduldiger als sonst.

Liebster, nimm deinen Hut von der Wand,
den Hut mit dem kleinen Schußloch,
und geh auf ein Wohnungsbüro, ich bitt dich,
und sieh,
was sie uns anbieten können.
Sonst stürz ich mich noch aus dem Fenster
dieses Hauses, das es nicht gibt.

Und das Fenster, glaub mir, ist hoch.

DAS VERBRENNEN DER SCHIFFE

Wohl dem der sie überstanden hat
diese Feuerprobe des Herzens

Die Mauern sanken

auf den toskanischen Hügeln,
die goldnen Trompeten
schwiegen.
Unwiderruflich
andere Landschaft.

Dein Mund auf meinem

Dein Mund auf meinem.
Ich verlor allen Umriß.
Tausend kleine Blüten
öffneten ihre Kelche
auf meinem Körper.

Du küßtest mich zärtlich
und gingst.

Trockene Scham wie ein Feuer
stand rot mir
auf Bauch und Brüsten.

Im Tor schon

Im Tor schon
hobst du den Blick.
Wir sahen uns an.

Eine große Blüte stieg
leuchtend blaß
aus meinem Herzen.

Alle meine Schiffe

Alle meine Schiffe
haben die Häfen vergessen
und meine Füße den Weg.
Es wird nicht gesät und nicht geerntet
denn es ist keine Vergangenheit
und keine Zukunft,
kaum eine Bühne im Tag.

Nur der kleine
zärtliche Abstand
zwischen dir und mir,
den du nicht verminderst.

Makabrer Wettlauf

Du sprachst vom Schiffe-Verbrennen
– da waren meine schon Asche –,
du träumtest vom Anker-Lichten
– da war ich auf hoher See –,
von Heimat im Neuen Land
– da war ich schon begraben
in der fremden Erde,
und ein Baum mit seltsamem Namen,
ein Baum wie alle Bäume,
wuchs aus mir,
wie aus allen Toten,
gleichgültig, wo.

Schrift

Wo du mich pflügst
bleibt die Furche.

Meine Schrift auf dir
ist wie ein Zeichen im Sand
das jeder Nachtwind verweht.

Schale im Ofen

Schale im Ofen,
du wirst gebrannt.
Tränenätzung,
Glasur aus Demut
über dem schüchternen
Schimmer von Lächeln.
So wirst du täglich
ein wenig versehrt,
bis Wunsch und Klage zerschmilzt
und ein Rosenblatt
oder ein Schmetterlingsflügel
fast gröbre Substanz sind.
Vergessene Schale,
auf der Hand, die dich hinhält,
faßt der Regenbogen
Fuß, so natürlich
wie der Anflug der Taube
auf Trafalgar Square.

Wie trag ichs

Wie trag ichs,
im vollen Süden
deines Gefühls gewachsen,
daß du im Zwielicht
ganz wie ein Kranker
mir schweigend dein Herz bringst,
dies mein eigenstes Eigen,
als sei es gestohlenes Gut.

Mein Geschlecht zittert

Mein Geschlecht zittert
wie ein Vögelchen
unter dem Griff deines Blicks.

Deine Hände eine zärtliche Brise
auf meinem Leib.
Alle meine Wachen fliehn.

Du öffnest die letzte Tür.
Ich bin so erschrocken
vor Glück
daß aller Schlaf dünn wird
wie ein zerschlissenes Tuch.

Neue Wege

Neue Wege möchte ich finden
schmerzhaft ungegangene
vom Du zum Ich.

Keine Handbreit an mir
die deinem Eintritt
widersteht.

Jagd

Ich bin dein Jagdtier.
Du bist der Jäger.
Jage mich
und lasse nicht einen
von deiner Meute zuhaus.
Befiehl daß die Hörner blasen
damit wir erfahren
was für ein Wild
aus dem Gebüsch tritt.

Stundenbuch des Duc de Berry
Juli–August

Meine Ähren werden gemäht
und meine Widder geschoren,
wo deine Falken fliegen
zur heiteren Jagd.

Mein helles Schloß
weithin sichtbar im Tag.
Wie vertraulich die Geste
seiner offenen Tore!

Leicht wird die Jagd
wo das willige Wild
in den Jäger verliebt
sich zum Tod stellt.

Wie ein lidloses Tier

Wie ein lidloses Tier
ständig zur Flucht gespannt
liegt Angst vor dir mir im Herzen.

Aber über dem Tier
steigt ein toller Baum
ein hybrides Gewächs.
Seine Wurzel reicht tief ins Tränenwasser
und statt der Blüten und Früchte
hängt er voll über-
mütiger Glöckchen.

Demut

Demut ist wie ein Brunnen.
Man fällt und fällt
in den bodenlosen Schacht
und aller Trost wird
stetig teurer.

Topographie

Ich bin eine bunte
Topographie.

Blaue und rote Fahnen
auf weißem Grund

markieren die Hügel
wo aller Widerstand

der rebellischen Heere
deinem Durchbruch erlag

und meine Soldaten
zum Feind desertierten.

Frage

Nach dem kleinen Zusammenstoß
– ein Druck der Lippe genügt –,
wenn ich eine Wolke werde
oder ein Schiff ohne Anker
auf deinem Meer
oder, ganz einfach,
eine andere Form
für dich,
was wird aus dir?
Und wie vermeidest du's,
am nächsten Morgen
ein wenig befangen zu sein?

Zikkurat

Wir steigen die Kreise der Treppe
in unserm Turm
Hand in Hand.

Die Luft verdünnt sich,
kaum noch ein Vorhang
zwischen den Herzen.
Nur sonnige Luken
von Zeit zu Zeit
auf die alte Landschaft.

Bei unserem Eintritt
in jeden Zirkel
streust du mir Salz
in die offene Wunde
und lächelst
und küßt mich.

So steigen wir zärtlich,
ich weinend,
zur letzten Plattform

Abschied der Taube
und Ikarusflug.

Spindel

Ich
eine große goldene
Spindel im Blau
schwebend ohne Gewicht
wie ein Löwenzahnsamen
oder als sei der Himmel
das Meer
und trage mich
leuchtend
auf seinem Scheitel.

Jedes Ding
das du anrührst
und sei es der Apfel bei Tisch
von meinen goldenen Fäden
so übersponnen
wie der Globus von Graden.

Ich das Blatt
am trockenen Ast
eines unsichtbaren Baums
das sich im Wind dreht.

Wie Erz in Stein versprengt

Wie Erz in Stein versprengt
Schicht nach Schicht
meine Adern.

Du kannst es nicht abtragen.
Das Dynamit Angst
ändert nichts.

Solange du Berg bist
lieg ich in dir
und leuchte.

Mexikanisch

Ist der Liebende
mehr
als ein Tänzer
vor der Puppe des Herzens,
berauscht
vom Sommergeruch
der eigenen Hingabe?

Das Gegenüber
lächelt
durch Nebel.

Besteigt es die Bühne,
wird es eins
mit dem Tänzer
oder verlangt es,
wie ein mexikanischer Gott,
das festliche Herz
auf dem Teller?

Galionsfigur

Ich bin nur die Vorderste,
die Galionsfigur,
die sichtbare Spitze
des dunklen Schiffs.

Schweigend wie Tote
aber die ein Ruf weckt
warten die andern,
eine Front wie ein Keil.

Oft ist als reiße die Haut
zwischen einer von ihnen und mir
und ich werde gesalbt
mit der fremden Erfahrung.

Schalen bieten sich dir
in meinen Händen
und fangen dich auf,
über die ich staune wie du.

Und weil ich zittre vor Liebe
sind alle gierig
daß keine Sehnsucht von dir
ungestillt bleibt.

Tage der Heimsuchung

Wie man ein Kind zum Knieen zwingt
auf dem großen Reibeisen
und ihm einen Stein auf den Kopf legt
damit der Schmerz ganz nah sei
oder es an den Balken der Hütte bindet
und ein Feuer aus Maisblättern macht
und ihm die kleinen Füße versengt,
so strafst du mich grausam
als der Tisch schon
zum Feste gedeckt war. Und ich,
ein Genesender,
die Schuppen der Narben verlor.

Ach, ich möchte hinausgehen
und mich auf die Wiese legen
mit offenen Adern
und der Regen
stark wie ein Zug
soll über mich wegfahren
und mich so weiß machen
wie ein leeres Flußbett
oder die Anemonen
auf meiner Mutter Grab.

Ratloser Abend

Wie kann ich dich auf den Arm nehmen
und über den Strom tragen
als sei ich der heilige Christopher
und es wichen die Wasser vor mir?

Ich, die ich die Schwere des Abends
nicht heben kann
wenn die Liebe auf meinen Brüsten glänzt
indiskret wie ein Schrei aus Jasmin
der die Leute auf der Straße verstört.

Harte fremde Hände

Harte fremde Hände
sollen über mich fahren
wie Pflüge
und deine Wurzeln zerreißen.
Ich will meinen Körper einreiben
mit fremdem Schweiß
wie mit einer beizenden Salbe
daß alle Poren vergessen
wie du riechst.
Haare ohne Namen
sollen auf meiner Haut liegen
wie Tannennadeln auf dem Waldboden,
andere Lippen die Augen küssen
die für dich weinen.

Und meine Seele, die dich sucht
so natürlich
wie abends ein Vogel über das Meer fliegt,
verliert die Richtung
und kommt
nie wieder an Land.

›Pícara‹

Ich war der reife Apfel
der fast auf den Boden hängt.
Du brauchtest keinen Finger zu rühren.
Ich sagte: »Öffne deinen Mund
und iß mich.«

Das war in der Schlaraffensaison,
wo die gesottenen Hühner und Enten
mit Messer und Gabel im Rücken
nach deinem Versprechen verlangten
daß du sie zu verspeisen geruhst.

Jetzt bin ich die kleine grüne Frucht
auf dem obersten Zweig
wo der frische Wind bläst.
Die Tauben gurren auf den Dächern
ganz ungebraten.

Und das verschmähte Menü
muß gereift und gepflückt
gefangen und gerupft werden,
wenn und soweit du's
zu locken zu fangen zu reifen zu pflücken
zu rupfen zu braten verstehst.

Vor Tag

Der Kuß aus Rosenblättern,
immer neue weiche kleine
Blätter der sich öffnenden Blüte.

Nicht jenes Wenig von Raum
für die Spanne des Wunschs
zwischen Nehmen und Geben.

Du hobst die Decke von mir
so behutsam
wie man ein Kind nicht weckt
oder als wär ich
so zerbrechlich
wie ich bin.

Ich wurde nicht wirklicher
als ein Gedicht
oder ein Traum
oder die Wolke
unter der Wolke.

Und doch, als du fort warst,
der zärtliche Zweifel:
Ist es tröstlich
für einen Mann
mit einer Wolke zu schlafen?

Vogelschwingen

Goldne und silberne Ampeln
die Regentropfen
auf jedem Grashalm.
Verweintes Wiesengesicht
leuchtend in Sonne.

Stille Kreise des Vogels,
rostbraune Schwingen,
so sanft im Himmel,
wie Liebe mit Liebe
im Gleichgewicht
in meinem Herzen.

Erste Reihe

Friedhöfe in der Landschaft,
wie Felder bestellt mit Blumen aus Stein,
endgültige Saat.

Spielzeugstädte von Toten,
erkennbar am deutlichen Plan,
hell den Reisenden ladend
am Fenster des Flugzeugs,
der betroffen den Fallschirm betastet,
als scheid er den Vogel vom Stein
beim Fall ohne Aufschub.

Mutter, du zärtlich im Sarg
mit dem roten Halstuch,
als lägest du in einem Boot
und könnest nicht ausfahrn
aus meinem Herzen.

Vater – und der ihn ersetzt,

ach, ihr verlaßt uns
mit hilfloser Geste,
euere Linie
bricht.
Wer sind wir,
um in der ersten Reihe zu stehn
und standzuhalten?
Und welche Zeichen halten wir hoch
für welches Gefolge?

Gegengewicht

Wie kann ich
in meinem blauesten Kleid
und riefe ich alle die blühenden Zweige
und alle Nachtigallen zu Hilfe

wie kann ich mit Lachen oder mit Tränen
das Gleichgewicht halten
der anderen Schale
in der die Welt liegt

eine Nuß aus Blei?

Das kleine rote Band

Versengter Geruch meiner Hand,
ich bins nicht.
Weißes Haar auf dem Hals,
nicht du.

Aber ein einziger Schnitt und
auf dem kleinen roten Band,
das nicht wir sind,

fährt das Unsere hinaus
wie eine Schnur von Schleppkähnen
rheinabwärts.

Alles verläßt uns
auf dem kleinen roten Band,
das nicht wir sind.

Der feuchte Fleck
wie vergossenes Öl
oder verschütteter Wein,
waren wirs?

Notrufer

In mir ist immer
Abschied:
Wie ein Ertrinkender
dessen Kleider
von Meerwasser schwer sind
seine letzte Liebe
einer kleinen Wolke schenkt.

In mir ist immer
Glaube,
als sei das goldene Seil
wer es auch auswirft
dem Notrufer
heilig
geschuldet.

Fürchte dich nicht

Die Rose sagt:
Fürchte dich nicht
meine Blätter sind heute
ganz stabil
Kein Windstoß wird mich
vor deinen Augen
entblößen.

Der Baum
atmet Vertrauen
und will daß ich mich anlehne.
Er sei bestimmt
nicht angehackt.

Das Vogelei
auf der Astgabel
hält das Versprechen
der kleinen weißen Balance.
Es ruht stille im Wind
bis den bangen Augen im Dotter
ein Federbalg wächst,

der auf den Zweig fliegt
und singt.

Rücken

Der Rücken des Geliebten am Fenster
steil
vor den Rücken
der Wabentürme New Yorks.
Stadt der einsamsten Bienen
gärend
von ungefragtem Honig.
Rücken aus Fremde.

Zweifel

Lieb ich einen andern
als dich
und den dein Umriß
fast ganz verdeckt?
Einen der deine
Augen hat und deinen
weichen Mund,
der so blaß ist wie du
und so fern und verträumt,
so zärtlich wie eine Vogelfeder,
einen der gibt und nimmt
wie du, als du noch
an Wunder
glaubtest.

Signal

Eine Möwe
rosa im Abendlicht
helles Signal über der Bucht.
Wir sehen uns an.

Die Gräser geben sich
zärtliche Zeichen
im Wind.
Sind wir deutlicher?

Alle weißen Blüten
saugen einen Vorrat von Sonne
gegen die Nacht.

Aber wir?

Der Frühling ein riesiger Specht

Der Frühling
ein riesiger Specht
hat alle Bäume verwundet.
Quellende Schnittflächen leuchten
wo das dunkle Skelett
auf die blaue Wirklichkeit trifft.

Und wie ich hinaufsehe
und du
geliebte Wunde
schmerzst und quillst,
erscheint auf dem Blau
atembestürzend
ein blutroter Fleck
nicht größer als eine Hand
und ich weiß nicht
ist es mein Herz
oder ein Kardinal
der hoch in den Zweigen sitzt
und singt.

Heckenrose

Mir träumte ich sei eine Heckenrose
mit blassen Blättern
über dem engen Kelch.
Du gingst vorbei.
Da war ich eine Hagebutte,
bunt und voll Samen.

Ich träumte von einem gepflügten Feld,
du wie quellendes Korn
in der Furche.

Doch wie ich erwachte
da war mein Leib
kaum gewölbt
und unsere Stimmen
leichter als Wind
der mit dem Laub einer Birke spielt.

Ägyptisches Grabmal

Hast du im Leben
den Arm so bewahrend
um sie gelegt,
toter Ägypter?
Hat sie sich an dich geschmiegt
und deine Hüfte umfaßt
wie einen Baum?
Nahm sie hin
was du ihr gabst
und verstandst du zu geben?

Oder hat sie oft
die geschwollenen Augen
mit Nilwasser und Salben gekühlt
ehe die Gäste kamen?
Und war es ein glücklicher Kuß,
toter Ägypter,
oder ein schuldiger
als du so zärtlich ihr Schutz versprachst
für die Jahrtausende
nach ihrem Tod?

Magie

Aber der Mensch
ist des Menschen
bangste Begegnung.

Der Mensch
der im Zwielicht
auf uns zukommt
allein
oder mit einer Gruppe
von Unbekannten
oder der den gleichen Weg geht
aber zu schnell
oder zu zögernd,
der Mensch der nicht mittut
macht sich verdächtig.

Mit ihm
werden alle Dämme gestopft.
Jedes baufällige Haus
wird mit ihm repariert
als sei er der lebendige Stein
der, genug gedehnt
oder genug gepreßt,
jegliche Bresche füllt
und stärker als Zeit ist.
So wird er gepreßt und gedehnt
bis er in Trance verfällt
wie ein Neger beim Voudou,

als bräche
aus seiner gemarterten Brust
ein helles Orakel,
authentisch,
heilend,
ein Strom von Penicillin
gegen Angst und Verrat.

Vademecum

Der Tote ist unser sichrer Verlaß.
Er sitzt in uns
in sich gerollt
wie ein geschmeidiges Knäuel
oder ein Embryo,
oder so wie ein kleines Tier,
das man in einer Büchse
mit Luftlöchern
in seine Tasche steckt,
nur viel bequemer.
Er verdrängt keinen Raum
und kostet keine Fahrkarte
und kein Extragepäck
in den transkontinentalen Flügen.
Er ist immer da.
Er beantwortet alle Fragen
und fragt nicht.
Er sieht uns an, wenn wir hinsehn,
und dreht sich um, wenn wir wegsehn,
er verlangt nichts,
er enttäuscht nicht,
und er beklagt sich kaum,
wenn wir ihn einen Tag
oder eine Woche vergessen.
Und wenn wir einsam sind
und ihn anstrahlen,
leuchtet er Wärme zurück
wie ein Radiator aus Nickel.

Der Tote lügt nicht
und wird nicht belogen
und nimmt nicht teil
an den Kompromissen.
Er ist nicht Verkäufer
noch Ware
in den Ausverkäufen der Angst.
Bist du die Hand,
bist du der Arm,
bist du das Herz
eines andern Lebenden,
stirb schnell.
Dem Toten ist Ganzheit erlaubt.
Beeile dich ein Toter zu sein,
dem Toten
wird das Versprechen gehalten.

Eskimovogel

Oft,
wenn ich einschlafe,
fühle ich unter mir
den schwankenden Abflug
des großen Eskimovogels,
der wie ein zögerndes Flugzeug
seinen Kurs sucht.

Ich liege auf seinem Rücken
zwischen den Flügeln,
aber du,
ein vielgestaltiges Tier,
sitzt auf dem Schwanz des Vogels
und fliegst mit,
über mich gebeugt,
und mein Atem
entkommt dir nicht.

Französischer Gobelin

Ach Liebster verzeih
daß meine Augen so blau sind,
sie sind nur ein zärtlicher Spiegel
für deine braunen.
Vergib meine strahlende Weiße,
sie ist nur dein hellstes Bett.
Der Falke meines Verstands
fliegt für dich auf die Jagd.
Sieh, alle meine Tiere
sind so bescheiden zu Diensten
als wären sie in den Teppich
zu deinen Füßen gewebt.

Inselmittag

Wir sind Fremde
von Insel
zu Insel.
Aber am Mittag, wenn uns das Meer
bis ins Bett steigt
und die Vergangenheit
wie Kielwasser
an unsern Fersen abläuft
und das tote Meerkraut am Strand
zu goldenen Bäumen wird,
dann hält uns kein Netz
der Erinnerung mehr,
wir gleiten
hinaus,
und die abgesteckten
Meerstraßen der Fischer
und die Tiefenkarten
gelten nicht
für uns.

Tröstung

Das blasse
beschädigte Herz
wird aufgenommen
und in die frühe Sonne gelegt
auf den Brustfedern
kleiner Vögel.
Morgenlotionen
aus Blau
werden täglich erneut
bis die Tränenkrusten
weggeschwemmt sind
und das Herz
schwer wird von Süße
wie eine gezuckerte Frucht.

Dann wird es eingepflanzt
wie Saatkorn aus Gräbern
in die schmerzende Furche
und die Wunde wird mit dem Speichel
sanfter Küsse verheilt.
Und das Korn
totes Glück
schlägt Wurzel und keimt.
Alle Adern schmecken danach
bis meine Fingerspitzen
rosig sind
wie die eines Kinds.

Windgeschenke

Die Luft ein Archipel
von Duftinseln.
Schwaden von Lindenblüten
und sonnigem Heu,
süß vertraut,
stehen und warten auf mich
als umhüllten mich Tücher,
von lange her
aus sanftem Zuhaus
von der Mutter gewoben.

Ich bin wie im Traum
und kann den Windgeschenken
kaum glauben.
Wolken von Zärtlichkeit
fangen mich ein,
und das Glück beißt
seinen kleinen Zahn
in mein Herz.

WEN ES TRIFFT

Wen es trifft

Wen es trifft,
der wird aufgehoben
wie von einem riesigen Kran
und abgesetzt
wo nichts mehr gilt,
wo keine Straße
von Gestern nach Morgen führt.
Die Knöpfe, der Schmuck und die Farbe
werden wie mit Besen
von seinen Kleidern gekehrt.
Dann wird er entblößt
und ausgestellt.
Feindliche Hände
betasten die Hüften.
Er wird unter Druck
in Tränen gekocht
bis das Fleisch
auf den Knochen weich wird
wie in den langsamen Küchen der Zeit.
Er wird durch die feinsten
Siebe des Schmerzes gepreßt
und durch die unbarmherzigen
Tücher geseiht,
die nichts durchlassen
und auf denen das letzte Korn
Selbstgefühl
zurückbleibt.
So wird er ausgesucht

und bestraft
und muß den Staub essen
auf allen Landstraßen des Betrugs
von den Sohlen aller Enttäuschten,
und weil Herbst ist
soll sein Blut
die großen Weinreben düngen
und gegen den Frost feien.

Manchmal jedoch
wenn er Glück hat,
aber durch kein kennbares
Verdienst,
so wie er nicht ausgesetzt ist
für eine wißbare Schuld,
sondern ganz einfach weil er zur Hand war,
wird er
von der unbekannten
allmächtigen Instanz
begnadigt
solange noch Zeit ist.
Dann wird er wiederentdeckt
wie ein verlorener Kontinent
oder ein Kruzifix
nach dem Luftangriff
im verschütteten Keller.
Es ist als würde eine Weiche gestellt:
sein Nirgendwo
wird angekoppelt
an die alte Landschaft,
wie man einen Wagen
von einem toten Geleis

an einen Zug schiebt.
Unter dem regenbogenen Tor
erkennt ihn und öffnet die Arme
zu seinem Empfang
ein zärtliches Gestern
an einem bestimmbaren Tag des Kalenders,
der dick ist mit Zukunft.

Keine Katze mit sieben Leben,
keine Eidechse und kein Seestern,
denen das verlorene Glied
nachwächst,
kein zerschnittener Wurm
ist so zäh wie der Mensch,
den man in die Sonne
von Liebe und Hoffnung legt.
Mit den Brandmalen auf seinem Körper
und den Narben der Wunden
verblaßt ihm die Angst.
Sein entlaubter
Freudenbaum
treibt neue Knospen,
selbst die Rinde des Vertrauens
wächst langsam nach.
Er gewöhnt sich an das veränderte
gepflügte Bild
in den Spiegeln,
er ölt seine Haut
und bezieht den vorwitzigen
Knochenmann
mit einer neuen Lage von Fett,
bis er für alle

nicht mehr fremd riecht.
Und ganz unmerklich,
vielleicht an einem Feiertag
oder an einem Geburtstag,
sitzt er nicht mehr
nur auf dem Rande
des gebotenen Stuhls,
als sei es zur Flucht
oder als habe das Möbel
wurmstichige Beine,
sondern er sitzt
mit den Seinen am Tisch
und ist zuhause
und beinah
sicher
und freut sich
der Geschenke
und liebt das Geliehene
mehr als einen Besitz,
und jeder Tag
ist für ihn
überraschendes Hier,
so leuchtend leicht
und klar begrenzt
wie die Spanne
zwischen den ausgebreiteten
Schwungfedern
eines gleitenden Vogels.

Die furchtbare Pause
der Prüfung
sinkt ein.

Die Schlagbäume
an allen Grenzen
werden wieder ins Helle verrückt.
Aber die Substanz
des Ich
ist so anders
wie das Metall, das aus dem Hochofen kommt.
Oder als wär er
aus dem zehnten oder zwanzigsten Stock
– der Unterschied ist gering
beim Salto mortale
ohne Netz –
auf seine Füße gefallen
mitten auf Times Square
und mit knapper Not
vor dem Wechsel des roten Lichts
den Schnauzen der Autos entkommen.
Doch eine gewisse Leichtigkeit
ist ihm
wie einem Vogel
geblieben.

*

Du aber
der Du ihm
auf jeder Straße begegnest,
der Du mit ihm
das Brot brichst,
bücke Dich und streichle,
ohne es zu knicken,
das zarte Moos am Boden

oder ein kleines Tier,
ohne daß es zuckt
vor Deiner Hand.
Lege sie schützend
auf den Kopf eines Kinds,
lasse sie küssen
von dem zärtlichen Mund
der Geliebten,
oder halte sie
wie unter einen Kranen
unter das fließende Gold
der Nachmittagssonne,
damit sie transparent wird
und gänzlich untauglich
zu jedem Handgriff
beim Bau
von Stacheldrahthöllen,
öffentlichen
oder intimen,
und damit sie nie,
wenn die Panik
ihre schlimmen Waffen verteilt,
»Hier« ruft,
und nie
die große eiserne
Rute zu halten bekommt,
die durch die andere Form
hindurchfährt
wie durch Schaum.
Und daß sie Dir nie,
an keinem Abend,
nach Hause kommt

wie ein Jagdhund
mit einem Fasan
oder einem kleinen Hasen
als Beute seines Instinkts
und Dir die Haut
eines Du
auf den Tisch legt.

Damit,
wenn am letzten Tag
sie vor Dir
auf der Bettdecke liegt,
wie eine blasse Blume
so matt
aber nicht ganz so leicht
und nicht ganz so rein,
sondern wie eine Menschenhand,
die befleckt
und gewaschen wird
und wieder befleckt,
Du ihr dankst
und sagst
Lebe wohl,
meine Hand.
Du warst ein liebendes
Glied
zwischen mir und der Welt.

NUR EINE ROSE ALS STÜTZE

Ich setzte den Fuß in die Luft,
und sie trug.

Nur eine Rose als Stütze

Ich richte mir ein Zimmer ein in der Luft
unter den Akrobaten und Vögeln:
mein Bett auf dem Trapez des Gefühls
wie ein Nest im Wind
auf der äußersten Spitze des Zweigs.

Ich kaufe mir eine Decke aus der zartesten Wolle
der sanftgescheitelten Schafe die
im Mondlicht
wie schimmernde Wolken
über die feste Erde ziehn.

Ich schließe die Augen und hülle mich ein
in das Vlies der verläßlichen Tiere.
Ich will den Sand unter den kleinen Hufen spüren
und das Klicken des Riegels hören,
der die Stalltür am Abend schließt.

Aber ich liege in Vogelfedern, hoch ins Leere gewiegt.
Mir schwindelt. Ich schlafe nicht ein.
Meine Hand
greift nach einem Halt und findet
nur eine Rose als Stütze.

Treulose Kahnfahrt

Aber der Traum ist ein Kahn
zu dem falschen Ufer.
Du steigst ein
an dem schimmernden Holzsteg des Gestern.
Du bist eingeladen
zu einer Fahrt über rosa Wolken
unter rosa Wolken,
wolkengleich.

Ein Hauch der Luft
du bist so leicht,
der Kahn so steuerlos,
das Wasser so spiegelglatt.
So sanft verlierst du die Richtung:
du bist noch unterwegs nach der Wiese im Licht,
wenn der Sand schon unter dem Kiel knirscht
im Schatten der Weiden.

Bittersüßer Mandelbaum

Die Zweige müssen die Blüten verlieren,
damit die Bäume grünen:
das Rosa und das Weiß
der süßen und bitteren Mandel
mischt sich am Boden.

War das Süße ins Bittre
oder das Bittre ins Süße gepfropft?
Alle Blüten sind voller Honig,
leichte Schmetterlingswiegen,
alles Blühen ist süß.

Doch wenn erst das Laub
die doppelte Krone vereint,
unter dem blauesten Himmel,
im sanftesten Wind,
wird dann das Bittere bitter.

Gegenwart

Wer auf der Schwelle seines Hauses geweint hat
wie nicht je ein fremder Bettler.
Wer die Nacht auf den Dielen
neben dem eigenen Lager verbrachte.
Wer die Toten bat
sich wegzuwenden von seiner Scham.

Dessen Sohle betritt die Straße nicht wieder,
sein Gestern und Morgen
sind durch ein Jahrhundert getrennt
und reichen sich nie mehr die Hand.
Die Rose verblüht ihm nicht.
Der Pfeil trifft ihn nie.

Doch fast erschreckt ihn der Trost
wenn sich ein sichtbarer Flügel wölbt,
sein zitterndes Licht
zu beschützen.

Bitte

Wir werden eingetaucht
und mit dem Wasser der Sintflut gewaschen,
wir werden durchnäßt
bis auf die Herzhaut.

Der Wunsch nach der Landschaft
diesseits der Tränengrenze
taugt nicht,
der Wunsch, den Blütenfrühling zu halten,
der Wunsch, verschont zu bleiben,
taugt nicht.

Es taugt die Bitte,
daß bei Sonnenaufgang die Taube
den Zweig vom Ölbaum bringe.
Daß die Frucht so bunt wie die Blüte sei,
daß noch die Blätter der Rose am Boden
eine leuchtende Krone bilden.

Und daß wir aus der Flut,
daß wir aus der Löwengrube und dem feurigen Ofen
immer versehrter und immer heiler
stets von neuem
zu uns selbst
entlassen werden.

Die schwersten Wege
für R. H.

Die schwersten Wege
werden alleine gegangen,
die Enttäuschung, der Verlust,
das Opfer,
sind einsam.
Selbst der Tote der jedem Ruf antwortet
und sich keiner Bitte versagt
steht uns nicht bei
und sieht zu
ob wir es vermögen.
Die Hände der Lebenden die sich ausstrecken
ohne uns zu erreichen
sind wie die Äste der Bäume im Winter.
Alle Vögel schweigen.
Man hört nur den eigenen Schritt
und den Schritt den der Fuß
noch nicht gegangen ist aber gehen wird.
Stehenbleiben und sich Umdrehn
hilft nicht. Es muß
gegangen sein.

Nimm eine Kerze in die Hand
wie in den Katakomben,
das kleine Licht atmet kaum.
Und doch, wenn du lange gegangen bist,
bleibt das Wunder nicht aus,
weil das Wunder immer geschieht,
und weil wir ohne die Gnade

nicht leben können:
die Kerze wird hell vom freien Atem des Tags,
du bläst sie lächelnd aus
wenn du in die Sonne trittst
und unter den blühenden Gärten
die Stadt vor dir liegt,
und in deinem Hause
dir der Tisch weiß gedeckt ist.
Und die verlierbaren Lebenden
und die unverlierbaren Toten
dir das Brot brechen und den Wein reichen –
und du ihre Stimmen wieder hörst
ganz nahe
bei deinem Herzen.

Herbst

Das Haus der Vögel entlaubt sich.
Wir haben Angst vor dem Herbst.
Manche von uns
malen den Toten das Gesicht
wenn sie fortziehn.
Denn wir fürchten den Winter.

Eine alte Frau, die vor uns stand,
war unser Windschutz,
unser Julilaub,
unsere Mutter,
deren Tod
uns
entblößt.

Haus ohne Fenster

Der Schmerz sargt uns ein
in einem Haus ohne Fenster.
Die Sonne, die die Blumen öffnet,
zeigt seine Kanten
nur deutlicher.
Es ist ein Würfel aus Schweigen
in der Nacht.

Der Trost,
der keine Fenster findet und keine Türen
und hinein will,
trägt erbittert das Reisig zusammen.
Er will ein Wunder erzwingen
und zündet es an,
das Haus aus Schmerz.

Traumstaub

Welch eine Kelter
die zarte Hand
die dich kaum mit den Fingerspitzen berührt.
Das Herz zergeht,
es bleibt nur ein wenig Glanz,
schimmernder Staub
von einem goldenen Traum
in der Presse.

Das goldene Seil

Nichts ist so flüchtig
wie die Begegnung.

Wir spielen wie die Kinder,
wir laden uns ein und aus
als hätten wir ewig Zeit.
Wir scherzen mit dem Abschied,
wir sammeln noch Tränen wie Klicker
und versuchen ob die Messer schneiden.
Da wird schon der Name
gerufen.
Da ist schon die Pause
vorbei.

Wir halten
uns bange fest
an dem goldenen Seil
und widerstreben dem Aufbruch.
Aber es reißt.
Wir treiben hinaus:
hinweg aus der gleichen Stadt,
hinweg aus der gleichen Welt,
unter die gleiche,
die alles vermengende
Erde.

Worte

Worte sind reife Granatäpfel,
sie fallen zur Erde
und öffnen sich.
Es wird alles Innre nach außen gekehrt,
die Frucht stellt ihr Geheimnis bloß
und zeigt ihren Samen,
ein neues Geheimnis.

Gefährlicher Löffel

Du ißt die Erinnerung
mit dem Löffel des Vergessens.

Das ist ein böser Löffel, mit dem du ißt,
ein Löffel der Speise und Esser verzehrt,

Bis eine Schale aus Schatten
dir übrig bleibt
in einer Schattenhand.

Gefängnis

Die Sprache ist voller Worte
die du gebraucht hast.
Täglich
benutze ich deine Worte
als sei ich ein Sträfling
und hätte nur diesen Becher
und diesen Teller.

Im Regen geschrieben

Wer wie die Biene wäre,
die die Sonne
auch durch den Wolkenhimmel fühlt,
die den Weg zur Blüte findet
und nie die Richtung verliert,
dem lägen die Felder in ewigem Glanz,
wie kurz er auch lebte,
er würde selten
weinen.

Banges Neujahr

Das tiefere Rot der Hyazinthe die stirbt:
die Schwermut steigt in dem Stengel,
ihr dunkler Saft
Pegel des Tods in der Dolde.

Weihnachten ist dahin,
alle Kerzen sind niedergebrannt,
Wachsflecken auf dem Tischtuch.
Das Kind, das Neue Jahr,
regt sich nicht in der Krippe.
Wir warten auf sein Lächeln,
wir warten auf seinen Schrei,
wir halten den Atem vor Angst.
Die Nacht ist so naß,
so sternenlos,
die Reiser blühn,
die Hyazinthe stirbt.
Das Wunder
– kaum ein Glänzen am Horizont –
geht in weiter Ferne vorüber.

Versöhnung

Erst sah ich weiße Fahnen
und wurde blaß, ich mag nicht siegen.
Doch dann glitten deine Tauben herüber,
so sanft
schicktest du die weißen Tauben
von dir zu mir,
Taube um Taube,
ich atmete kaum,
das Zimmer war weiß von ihnen.
Ich hielt die Hände hin:
schneeflockenfeucht von deinen
Tränen
tranken sie meine Tränen.

Sämann

Der große Sämann,
ungerufen,
blies einen Atem von Blumensamen über mich hin
und streute eine Saat
von Kornblumen und rotem Mohn
in meine Weizenfelder.

Das leuchtende Unkraut,
mächtiger Sämann,
wie trenn ich es je
von den Ähren,
ohne die Felder
zu roden?

Auf Wolkenbürgschaft

für Sabka

Ich habe Heimweh nach einem Land
in dem ich niemals war,
wo alle Bäume und Blumen
mich kennen,
in das ich niemals geh,
doch wo sich die Wolken
meiner
genau erinnern,
ein Fremder, der sich
in keinem Zuhause
ausweinen kann.

Ich fahre
nach Inseln ohne Hafen,
ich werfe die Schlüssel ins Meer
gleich bei der Ausfahrt.
Ich komme nirgends an.
Mein Segel ist wie ein Spinnweb im Wind,
aber es reißt nicht.
Und jenseits des Horizonts,
wo die großen Vögel
am Ende ihres Flugs
die Schwingen in der Sonne trocknen,
liegt ein Erdteil
wo sie mich aufnehmen müssen,
ohne Paß,
auf Wolkenbürgschaft.

»Vogel Klage«

Ein Vogel ohne Füße ist die Klage,
kein Ast, keine Hand, kein Nest.

Ein Vogel der sich wundfliegt
im Engen,
ein Vogel der sich verliert
im Weiten,
ein Vogel der ertrinkt
im Meer.
Ein Vogel
der ein Vogel ist,
der ein Stein ist,
der schreit.

Ein stummer Vogel,
den niemand hört.

Neues Land

Es war leicht zu sein wie neues Land
wenn der Tag kam,
und nicht zu fragen
und die Stimme ins Blau zu schicken
wie eine Lerche.
Und wieder aufzustehn, wenn ich fiel,
ohne Narben.

Die Erde hat sich einmal zu oft gedreht.
Es hat nichts genutzt,
daß eine alte Frau
drei Gräser um meinen Fuß band,
als sei ich ein krankes Fohlen.
Ich bin aufgestanden
mit Narben.

Wenn du warten willst,
bis ich bin, wie ich war,
mußt du warten, bis ich sterbe.
Die Toten, sagt man, haben ein glattes Gesicht
und erfüllen uns jeglichen Wunsch.
Sie sind heiter
wie der Himmel im Frühling.

Und ohne zu fragen
und ohne verletzt zu sein,
sind sie immer
nur der Kern,
nie die Schale.

Nichts geschieht

Das Messer das dich verletzt
ohne daß die Hand eines Menschen
es hält
– nichts ist geschehen –
läßt eine unheilbare Wunde.

Die Kerze die du entzündest
ohne das Bild der Maria
um etwas zu bitten
– nichts geschieht –
hilft dir zu leben.

Geborgenheit

Morgens in der weißen
Geborgenheit einer Badewanne
ohne Wasser
denke ich an den Baumstamm
in dem ich liegen möchte,
glatt, hell, kantenlos,
als sei ich in ihm zuhause
wie eine Dryade.
Niemand wird mich in
einem Baumstamm
oder in der Wanne
begraben wollen,
auf einem Friedhof
den ich wähle,
weil ihn die Abendsonne trifft,
aber zu dessen Sprengel
ich, die Weggezogene,
die nirgends Eingetragene,
in keiner Kirche, in keiner Stadt,
der die Briefe von Land zu Land
nachgeschickt werden,
nicht
gehöre.

Buchen im Frühling

Wir gehen zu zweit hinein
zu den Buchen im Frühling.
So silbern, so glatt, so dicht beieinander
die Stämme.
Das helle Laub wie Wolken am Himmel.
Du siehst hinauf und dir schwindelt.
Du entfernst dich ein wenig:
drei oder vier Bäume
zwischen uns.
Du verlierst dich
als sei ein Urteil gesprochen.
So nah, so getrennt.
Wir werden uns nie wieder
finden.

Rufe nicht

Lege den Finger auf den Mund.
Rufe nicht.
Bleibe stehen
am Wegrand.
Vielleicht solltest du dich hinlegen
in den Staub.
Dann siehst du in den Himmel
und bist eins mit der Straße,
und wer sich umdreht nach dir
kann gehen als lasse er niemand zurück.
Es geht sich leichter fort,
wenn du liegst als wenn du stehst,
wenn du schweigst als wenn du rufst.
Sieh die Wolken ziehn.
Sei bescheiden, halte nichts fest.
Sie lösen sich auf.
Auch du bist sehr leicht.
Auch du wirst nicht dauern.
Es lohnt sich nicht Angst zu haben
vor Verlassenheit,
wenn schon der Wind steigt
der die Wolke
verweht.

Zentimeter

Die Zentimeter unserer Schüchternheit.
Ich liege im Bett und weine
und zähle die Zentimeter
wie Perlen an einem Rosenkranz,
zwanzig dreißig Zentimeter.

Ich hielt den Kopf gesenkt.
Dein Mund traf auf mein Haar statt
auf meinen Mund
wegen zwanzig dreißig Grad
die ich den Kopf nicht hob.

Wieviele Tränen
am Tage danach
für diese zwanzig dreißig
Zentimeter
zwischen zwei Körpern.

Kindergespräch

Ich redete gerne mit dir
von heute
als seien wir alt,
als seien viele Jahre verflossen
seit dem Tag von dem wir reden.
Seit jetzt.

Wir lägen im Dunkel
sehr weit voneinander
und wären nur Stimmen
wie Kinder die vor dem Einschlafen
sich etwas erzählen
oder ein Lied singen.

Wir reden lächelnd,
mit kleinem Atem,
beinahe schweigend,
von den dunkeln Ufern
des Zimmers
und der Zeit zwischen heute und dann.

Und wenn mit dem Licht das Jetzt zurückkommt
ist es lange vergangen
und tut nicht mehr weh,
fern und beschützt wie ein Kindheitserlebnis:
niemand kann es uns nehmen
– aber wir haben es nicht.

Angler

Das Zimmer ist offen.
Es fehlt eine Wand,
wir sitzen in der Ecke
eines großen leeren Raums.
In einer hellen Ecke
bei einer Lampe
in unserem offenen
Zimmer.

Draußen im Dunkel
sitzst du wie ein Fischer
an einem fernen Ufer.
Ich am Grunde des Stroms.
Wenn du dich rührst
oder ich mich rühre,
zieht die Leine an
und der Haken schmerzt.

Es kommen keine nach uns

Es kommen keine nach uns,
die es erzählen werden,
keine, die was wir
ungetan ließen,
in die Hand nehmen und zu Ende tun.

Wir stehen auf einem Stück Land,
das schon abgetrennt ist.
Unsere Schatten fallen
ins Leere.
Kein Spiegel ist aufgestellt,
der unser Bild bewahrt,
keine Folge von Spiegeln mehr,
wenn wir gegangen sind.
Die Bilder
derer, die vor uns waren
und die Luft in unserer Lunge sind,
die mit unserem Munde gelacht,
die mit unseren Augen geweint haben,
sie werden Staub
mit uns.

So wie wir dahingehn
sind wenige dahingegangen.
Es ist gleichgültig
was wir schreiben oder sagen,
außer für dich oder für mich.
Nichts was wir tun

ist eine Saat die nach uns aufgeht.
Wir sind ganz für den Tag gemacht,
nur für diesen, den unsern.

Die kommenden Tage,
die Tage hinter dem Horizont,
gehören Menschen die anders sein werden.
Unser Frühling ist dieser Frühling,
unser Sommer ist dieser Sommer,
und unser Herbst dieser Herbst.

Wenn wir uns umdrehn
und sehen, daß wir die Letzten sind,
die Kinder und Kindeskinder derer die waren,
die Väter und Mütter
von niemand,
daß wir am Rande stehn,
auf einer Scholle fast,
die bald treiben wird,

Dann müssen wir
mehr als die andern
den Boden unter den Füßen fühlen
während wir gehen,
diesen kurzen Boden
von Morgen zu Abend.
Wir müssen dünne Sohlen tragen
oder barfuß gehen.
Was wir berühren,
mit leichtem Finger berühren,
mit wachen Fingerspitzen.
Nichts achtlos.

Jedes Mal ist das letzte
oder könnte es sein.
Wir tun es für alle, die vor uns waren,
und für alle, die nach uns
es nicht tun
oder ganz anders.

Wir wollen nichts liegen lassen,
halbgetan,
und die Gläser nicht halbgeleert
auf unserm Tisch den Gespenstern lassen.
Wir müssen genau sein
in der Minute des Flügelschlags.
Unser Gesicht nackt
ohne den Firnis
derer, die Zeit haben
sich zu gewöhnen und zu entwöhnen.
Wenn um unsre Balkone das Wasser steigt,
die Spitzen der Bäume
noch sichtbar unter den Sternen,
wenn unsre Häuser auf den Bergen,
in denen noch Licht ist,
sich bewegen
und davonfahrn
als seien es Archen,
dann müssen wir bereit sein
– wie einer der aus dem Fenster springt –
die große Frage zu fragen
und die große Antwort zu hören.

Mit meinem Schatten

Ich gehe mit meinem Schatten,
nur von dem Schatten begleitet,
alleine mit ihm,
über graslose Wiesen.

Ich immer blässer,
er immer länger.
Er führt mich,
ich lasse mich führen.

Die kahlen Birken am Weg,
glatte weiße Finger,
kennen das Ziel
besser als ich.

Traum im Winter

Du beugtest dich aus dem Fenster,
ein Haus von südlichem Weiß.
Mein Bett war auf offener Straße,
ich weiß nicht, wie es war.
Du glittst die Mauer herunter,
eidechsenartig,
und leicht wie ein Kind.
Das war die Nacht eh ich abfuhr.
Ich konnte nicht fahren und fuhr.
Als ich weinte, da wandte der Zug
den Kopf zurück wie ein Pferd.

Hausschlüssel

Wir halten sie fest
diese Schlüssel,
wir reisen mit ihnen,
wir Ausgewiesenen,
auch wir.

Das Herz, deine alte
Wohnung,
hat hellerleuchtete Fenster,
die Gesichter drinnen
sind fremd.

Nur im Traum
könntest du eintreten
mit diesen Schlüsseln
die im Wachen so schwer
in den Händen wiegen.

Unterricht

Jeder der geht
belehrt uns ein wenig
über uns selber.
Kostbarster Unterricht
an den Sterbebetten.
Alle Spiegel so klar
wie ein See nach großem Regen,
ehe der dunstige Tag
die Bilder wieder verwischt.

Nur einmal sterben sie für uns,
nie wieder.
Was wüßten wir je
ohne sie?
Ohne die sicheren Waagen
auf die wir gelegt sind
wenn wir verlassen werden.
Diese Waagen ohne die nichts
sein Gewicht hat.

Wir, deren Worte sich verfehlen,
wir vergessen es.
Und sie?
Sie können die Lehre
nicht wiederholen.

Dein Tod oder meiner
der nächste Unterricht:
so hell, so deutlich,
daß es gleich dunkel wird.

Noch gestern

Dies Frühjahr ist wie ein Herbst,
ein Abschiednehmen
von allem was kommt.
Das Karussell
fährt vorbei.
Das Karussell mit den großen Tieren.
Nie wieder
wirst du mitfahrn
und warst doch noch gestern
eins von den Kindern die mitfahren müssen.
Du wirst die Geste noch machen,
fast alle machen ja nichts als die Geste,
Leben heißt höflich sein,
kein Spielverderber.
Du ißt das Eis, das man dir in die Hand gibt,
du lächelst, weil alle lächeln,
fast alle machen die Geste der Freude
für die andern.
Gestern hast du gelacht,
weil du gelacht hast.
Du mußt es weiter tun,
du darfst niemand enttäuschen.
Viele Tage werden auch blau sein,
es gibt immer
blaue Tage
wo Lachen leichter ist,
beinah wie früher –
beinah.

Keiner außer dir kennt die kleine Linie,
den Strich auf dem Boden,
den riesigen Strom,
den du nie mehr
überquerst.

Möwe zu dritt

Diese drei Möwen:
die in der Luft
Brust an Brust
mit der Wassermöwe,
weiß und silber,
silber und weiß,
und die Schattenmöwe,
grau,
immer grau,
ihnen folgend.
Solange Sonne ist
und der Fluß
sanft dahinfließt
unter dem Wind.

Winterbienen

Die Berge zwischen uns,
so sehr viel Luft
zwischen mir und niemand.
Ich bin allein
in sehr viel Luft.
Blaßblumige Wiesen,
Milchstraßen
von Krokus und Primeln,
Frühling.
Die Vögel reisen nach Norden
zu den alten Nestern.
Die Bienen sterben
auf den ersten Blumen,
die Winterbienen.

Ich gehe über die blassen Wiesen ins Tal,
wo die Dörfler einander hassen,
und werfe Briefe ein
für Menschen in Städten.
Ich könnte nicht reisen,
nicht mit den Vögeln,
zu den alten Nestern.
Nicht nach Süden
und nicht nach Norden.
Wenn ich ein Vogel wär,
ich flöge zu niemand.
Ich sehe die blassen Blumen an,
die Blätter vom vorigen Herbst,
und die Winterbienen.

GEWÖHN DICH NICHT

Herbstaugen

Presse dich eng
an den Boden.

Die Erde
riecht noch nach Sommer,
und der Körper
riecht noch nach Liebe.

Aber das Gras
ist schon gelb über dir.
Der Wind ist kalt
und voll Distelsamen.

Und der Traum, der dir nachstellt,
schattenfüßig,
dein Traum
hat Herbstaugen.

Spätsommer

Da du die Zeitung liest
sehe ich das Gras an,
grünes neues Gras
unter dem gelben.

Wenn du sehr liebst,
werden die Haare wieder dunkel.
Wenn du sehr liebst,
werden die Haare weiß.

Landschaft bei Cadiz

Wie der Fluß zum Meer hinabfließt,
wie das Meer den Fluß heraufkommt,
süßes Wasser,
salziges Wasser,
das Salz gewinnt.

Tränengärten
wo die Träume über ihr Ufer treten.
Nicht Blüten,
Salz-
beete
weiß in der Sonne.

Wenn wir die Pappeln verlassen
am süßen Wasser
und zur Mündung hinabgehn:
Flüsse, Gärten,
Träume aus Salz.

Stierkampf

Das ungleiche Spiel ist zu Ende.

Es wird nach den genauesten Regeln
unter dem Beifall der Kenner
öffentlich
und doch staunend
und allein mit dem Tod
gestorben.

Goldener Sand wird sofort
über Blut und Leiden gedeckt.
Die Musik spielt einen Marsch
und das dunkle Gespann
mit den wehenden Fähnchen
öffnet
endlich, zu spät,
einen Weg aus dem quälenden
Rund der Arena.

Mauerringe von Mädchen
in weißen Kleidern
sehen dem Tod
lüstern mit zu und träumen sich,
Sonnenblumenkerne im Mund,
in die Arme des Töters.

Nachmittag am Guadalquivir

Aber das Glück.

Mach ein Kreuz auf den Boden:
Hier war ich glücklich.
Aus gar keinem Grund,
wie man glücklich ist, ohne Gründe.
Nachmittag am Guadalquivir,
die Brücke voll Sonne,
du selber tanzende Luft,
nichts Festes.

Du steigst nicht auf.
Das Glück ist kein Flugzeug,
hat keinen Fahrplan,
keinen Lufthafen.
Ein großer Vogel,
der einen kleinen
auf seine Fittiche nimmt.
Irgendwo.
Du hast an der falschen Stelle gewartet.
Das Kennwort für die Abfahrt
war dies Jahr anders.
Vielleicht eine Wolke in einer Wasserlache,
eine Lokomotive
mit einem Blumenstrauß an der Brust.
(Weil der Heizer Geburtstag hat,
grüßt dich der Zug
mit einem gelben Bukett.)

Es war unnütz,
Fußstapfen auf den Boden zu zeichnen
in frische Farbe
oder in feuchten Zement
und den Fuß in den Abdruck zu passen.
Die Spur eines Toten,
Jahrhunderte tot,
ist dir nicht fremder.

Losgelöst

Losgelöst
treibt ein Wort

auf dem Wasser der Zeit
und dreht sich
und wird getragen
oder geht unter.

Du hast mich lange vergessen.
Ich erinnre schon niemand,
dich nicht
und niemand.

Dies Wort von mir zu dir,
dies treibende Blatt,
es könnte von jedem
Baum

auf das Wasser gefallen sein.

Rückkehr

Meine Füße wunderten sich
daß neben ihnen Füße gingen
die sich nicht wunderten.

Ich, die ich barfuß gehe
und keine Spur hinterlasse,
immer sah ich den Leuten auf die Schuhe.

Aber die Wege feierten
Wiedersehen
mit meinen schüchternen Füßen.

Am Haus meiner Kindheit blühte
im Februar
der Mandelbaum.

Ich hatte geträumt,
er werde blühen.

Jenseits des Bergs

Die Zeit
macht einen Buckel vor mir
und wirft sich auf wie ein Berg.
Auf der anderen Seite
liegt morgen:
Die Abfahrt, immer die Abfahrt.
Die Koffer werden zu eng sein,
ich muß alles hierlassen.
Nichts läßt sich berechnen
was jenseits des Bergs ist,
am andern Abhang,
der nicht auf mich zukommt.

Die Zimmer in die ich Rosen stellen werde
daß etwas darin mein sei,
ich fühle ihre Klinken in der Hand,
Klinke nach Klinke,
ihre Tapeten sind gegen mich.
Aber sie sind noch
auf der anderen Seite
des Bergs.
Ich muß sie nicht sehen,
die ich suchen,
in denen ich wohnen werde,
eine Woche von nun.

Auf der anderen Seite des Bergs,
fern,

der Abend auf den schon der Uhrzeiger zuläuft,
der Abend dieses Tags
an dem der Regen nicht kommt, aber
an dem ich dich wiederseh,
an dem wir uns trennen, hilflos.
Ich bin zu klein, um hinwegzusehn
über diesen
Berg von zwei Stunden,
auf dessen anderer Seite
du auf mich wartest.

Knospe

Die Knospe einer Liebkosung,
von keinem Gärtner gepflegt,
im Laub meines Körpers verborgen,
langsam,
unaufhaltsam sich öffnend,
macht mich fremd mit mir selbst.

Abzählen der Regentropfenschnur

Ich zähle die Regentropfen an den Zweigen,
sie glänzen, aber sie fallen nicht,
schimmernde Schnüre von Tropfen
an den kahlen Zweigen.
Die Wiese sieht mich an
mit großen Augen aus Wasser.
Die goldgrünen Weidenkätzchen
haben ein triefendes Fell.
Keine Biene besucht sie.
Ich will sie einladen
sich an meinem Ofen zu trocknen.

Ich sitze auf einem Berg
und habe alles,
das Dach und die Wände,
das Bett und den Tisch,
den heißen Regen im Badezimmer
und den Ofen mit löwenfarbener Mähne,
der atmet wie ein Tier
oder ein Mitmensch.
Und die Postfrau
die den Brief bringen würde
auf meinen Berg.

Aber die Weidenkätzchen
treten nicht ein

und der Brief kommt nicht,
denn die Regentropfen
wollen sich nicht zählen lassen.

Winter

Die Vögel, schwarze Früchte
in den kahlen Ästen.
Die Bäume spielen Verstecken mit mir,
ich gehe wie unter Leuten
die ihre Gedanken verbergen
und bitte die dunklen Zweige
um ihre Namen.

Ich glaube, daß sie blühen werden
– innen ist grün –
daß du mich liebst
und es verschweigst.

Magere Kost

Ich lege mich hin,
ich esse nicht und ich schlafe nicht,
ich gebe meinen Blumen
kein Wasser.
Es lohnt nicht den Finger zu heben.
Ich erwarte nichts.

Deine Stimme, die mich umarmt hat,
es ist viele Tage her,
ich habe jeden Tag
ein kleines Stück von ihr gegessen,
ich habe viele Tage
von ihr gelebt.
Bescheiden wie die Tiere der Armen
die am Wegrand
die schütteren Halme zupfen
und denen nichts gestreut wird.

So wenig, so viel
wie die Stimme,
die mich in den Arm nimmt,
mußt du mir lassen.
Ich atme nicht
ohne die Stimme.

Unaufhaltsam

Das eigene Wort,
wer holt es zurück,
das lebendige
eben noch ungesprochene
Wort?

Wo das Wort vorbeifliegt
verdorren die Gräser,
werden die Blätter gelb,
fällt Schnee.
Ein Vogel käme dir wieder.
Nicht dein Wort,
das eben noch ungesagte,
in deinen Mund.
Du schickst andere Worte
hinterdrein,
Worte mit bunten, weichen Federn.
Das Wort ist schneller,
das schwarze Wort.
Es kommt immer an,
es hört nicht auf, an-
zukommen.

Besser ein Messer als ein Wort.
Ein Messer kann stumpf sein.
Ein Messer trifft oft
am Herzen vorbei.
Nicht das Wort.

Am Ende ist das Wort,
immer
am Ende
das Wort.

Fragment

Ein jeder geht eingehüllt
in den Traum von sich selber.
In manchen Träumen ist Raum
für den Zweiten
wie in einem Doppelbett.
Fast in allen.

Flucht

Es flieht das Herz
mit dem Mond,
die Wolken stehn,
der Mond hat Eile.

Es flieht der Mond,
das Herz hat Eile,
es reist den Träumen nach,
die Wolken stehn.

Die Träume häuten sich.
Es flieht das Herz

vor dem Gesicht
seines Traums.

Linguistik

Du mußt mit dem Obstbaum reden.

Erfinde eine neue Sprache,
die Kirschblütensprache,
Apfelblütenworte,
rosa und weiße Worte,
die der Wind
lautlos
davonträgt.

Vertraue dich dem Obstbaum an
wenn dir ein Unrecht geschieht.

Lerne zu schweigen
in der rosa
und weißen Sprache.

Osterwind

Wir haben es den Blumen und Bäumen voraus:
Unsere Jahreszeiten
sind schneller.

Der Tod
steigt im Stengel unseres Traums,
alle Blüten werden dunkel
und fallen.
Kaum ein Herbst. Der Winter kommt
in einer Stunde.

Doch da ist keine Wartezeit,
sicheres Warten
für kahle Zweige.

So wie der Vogel
innehält und sich wendet im Flug,
so jäh, so ohne Grund
dreht sich das Klima des Herzens.
Weiße Flügelsignale im Blau,
Auferstehung
all unserer toten

Blumen
im Osterwind
eines Lächelns.

Indischer Falter

Vielleicht sind wir nichts als
Schalen
womit der Augenblick
geschöpft wird.

In einem alten Mann
der umfällt in Hamburg oder Manhattan
stirbt ein Schmetterling
die blauen Flügel öffnend
– seit dreißig Jahren,
in Angkor-Vath.

Vielleicht wird nichts verlangt
von uns
während wir hier sind,
als ein Gesicht
leuchten zu machen
bis es durchsichtig wird.

Und das Leuchten dieses einen Gesichts
aufzubewahren
wie der alte Mann
den Glanz seines indischen Falters.
Bis wir hingelegt werden
und alles für immer

erinnern – oder vergessen.

Warnung

Wenn die kleinen weißen Straßen
im Süden
die du gegangen bist
sich dir öffnen wie Knospen
voller Sonne
und dich einladen.

Wenn die Welt,
frischgehäutet,
dich aus dem Haus ruft
und dir ein Einhorn
gesattelt
zur Tür schickt.

Dann sollst du hinknieen wie ein Kind
am Fuß deines Betts
und um Bescheidenheit bitten.
Wenn alles dich einlädt,
das ist die Stunde
wo dich alles verläßt.

Angsttraum

Ich muß mich von mir trennen.
Ich werde weggeführt
von mir.
Ich strecke die Hände aus
nach mir,
aber ich biege um eine Ecke
und verlasse mich, die ich weggeführt werde
in einem Sträflingskleid.

Nach vier Ecken kommt die gleiche Straße
für den der um die Ecke biegt,
weiter hinten
die gleiche Straße.
Aber dann würde ich weit sein,
weit weggeführt,
die ich die Arme strecke
nach mir, die um die Ecke biegt.

Nächtliche Orientierung

Mein Kopf liegt nach Süden
meine Füße nach Norden
seit ich fort bin
immer meine Füße nach Norden
zu dir.
Mein Körper
im Schlaf eine Kompaßnadel
die ihren Nord sucht.

Wege

Veilchen säumen den Weg,
Augen von Erdbeerblüten,
Maiglöckchen.
Der Kuckuck begleitet mich
Ruf um Ruf
auf einem Weg
der nicht der meine ist.
Ein blumenbestandener,
nur nicht der meine.
Nie hab ich die andern
so darauf angesehn
ob der Weg unter ihren Füßen
der ihre ist.

Lilie

Alle Farbe ist leer,
auch das Nahe so fern.
Nichts ist vertraut:
Vielleicht eine Lilie,
die gestern nicht da war,
heute morgen mich ansah,
lila im Grün.

Der Kuckuck ruft,
die Minuten
bewegen sich nicht.
Über Nacht, unmerklich,
ist diese Lilie gekommen.
Über Nacht, unmerklich,
möchte ich gehn.

Tauben im Regen

Meine Füße die viel gegangen sind,
meine Füße zwei Tauben
die jede Nacht
das Nest deiner Hände suchten,
meine Kinderfüße.

Die du weggewiesen hast,
sie sitzen im Regen
vor deiner Tür,
aneinander geschmiegt,
zwei Tauben im Regen,

meine Kinderfüße.

Von Grün zu Gold

Die Wege werden leer sein, Bruder,
vor meinem Haus
wo ich auch wohne,
Wege die du nicht kommst,
die ich dir nie
entgegengeh.

Im Dunkel die Überfahrt
auf den Tränen,
lange Überfahrt
von einem Tag
an dem du nicht kamst,
zu einem Tag an dem du nicht kommst.

Werd ich es lassen
auf dich zu warten
an den hellen Wegen,
vom grünen Zittern
zum goldenen Zittern
der Birkenblätter?

Warte auf nichts

Vom Baum des Himmels
sind die Wolken auf die Erde gefallen.
Das Land ist gefleckt
von großen dunklen Blättern.

In den Straßen der Traurigen
werden die Fensterrahmen
in der Farbe des Himmels gemalt,
in der Farbe der Sonne
in den lichtlosen Häusern.

Taubenschläge auf den Dächern
für ein hellgefiedertes Gestern,
das nicht wiederkehrt.

Nur das Geläute am Waldrand.
Wellen von kleinen Glocken
bis in das Zimmer.
Zieh die Schuhe aus,
netze die Füße.

Warte auf nichts
als das Läuten
der kleinen Glocken
am Waldrand.

Fesselballon

Alleinsein wird verlangt
in fremden Häusern
wie Aufsteigen in einem Fesselballon.

Dünne Schale
die nicht schützt,
in der du treibst an Ort und Stelle.

Schwalben, Menschen,
gehen, fliegen in Gruppen
davon. Du bleibst.

Bewegen sich über den Boden.
Der Boden
bewegt sich unter dir.

Wer hält dich in der Hand
wie eine große Blume,
wer hält die Schnur?

(Der Baum hat eine Wurzel.
Die Sonne
nimmt ihn nicht mit.)

Aber ein Kind
dem die Schnur entgleitet?

Der Ballon wird kleiner und kleiner.
Ich treibe fort.
Rufend.
In meinem Fesselballon.

Nur der Eigensinnige

Das Rot der sterbenden Tulpe
nicht zu ersetzen,
in diesem Jahre
nicht zu ersetzen.
Ich gebe meiner Trauer Namen,
es gibt immer neue Blumen,
andere.
Niemand braucht einsam sein,
wenn die Wiesen so voller Blumen
und die Straßen voll Menschen sind.

Dieses Lächeln, nicht jenes?
Lächeln hat etwas Ähnliches,
rosa und weiß,
Muskel der Zärtlichkeit
auf den Gesichtern.
Diese Art sich weh zu tun,
diese eine,
den Dorn im Herzen zu drehen?
Wo die Rosen so voller Dornen
und die Straßen voll Menschen sind.

Nur der Eigensinnige
braucht einsam sein.

Spiegelgedichte

1
Identität

Wer will nicht im Spiegel
heute
das Gesicht von gestern sehen.
Wie beständig die vergänglichen Dinge,
eine Mütze oder eine Uhr,
die du wiedererkennst.
Du mußt es sein, die diese Mütze trägt,
und wirklich, du bists.
Du findest dich wieder
an der Farbe
einer Baskenmütze.

2
Nicht angeseilt

Für dich sind die Stunden
lauter Stufen mit Geländer,
dir kann nichts geschehn,
du wie alle
angeseilt an einen Zweck
keiner bleibt stehen.

Nur ich
bringe die Zeit hin
vor meinem Spiegel,
weggewandt,
mich vor dem fremden Gesicht
zu fürchten.

3
Tapferkeit

In den Spiegeln
auf den Hoteltreppen
unser wechselndes Bild.
Immer die Geste der Tapferkeit,
das zuversichtliche
Wippen des Rocks.
Halte dich gerade.
»Die Krankheit«,
sagt man dem Kranken,
»trägt sich leichter,
wenn du dich gut frisierst.«

Fahrt durch Kastilien

1

Ich weiß nicht, warum die Welt
sich mir in zwei Hälften teilt.

Kastilien ein Weizenfeld.
Das Weizenfeld öffnet sich,
alles öffnet sich,
was ich sehe.
Die andere Hälfte
immer die Deine.

Ich bin so wach,
daß ich die Ähren zählen kann.

Frauen mit großen Hüten,
oben Gold, unten Gold,
goldenes Karussell auf den Tennen.
Die Spreu ein goldener Fächer im Wind.
Alles teilt sich
in zwei Teile.

Schafe, erdgrau, mit dem Hirten,
Ulmen, die sich in Wiesen spiegeln,
Rauchwolken von Vögeln,
Berge,
wollen nicht mein sein,
ohne auch dein zu sein.

Nicht das Feld, nicht die Stadt
mag ich nehmen,
Gold der Ähren, Gold der Türme,
wenn ich nicht dir davon geben darf.

2

Bei den Männern aus grauem Stein
vor der honigfarbenen Kirche,
Jahrhunderte
einander zugewandt,
Gespräch das nie verwittert,
wend ich mich nach dir um
und neige mich zu dir
– du, aus Traum –
und höre deine Stimme
die schweigt.
Unser Gespräch ohne Gesicht.
Ohne Stunde.
Traumgeschwister.
Weniger als der Stein.

Die Tauben sehen von oben
wie ich mich wende,
die Apostel hören,
was ich dir sage
in unsrer wortlosen Sprache.
Es ist sehr hell
zum Träumen.
Ich stehe vor einem Kirchentor
allein auf den Fliesen,
deine Hälfte der Welt,
eine geöffnete Frucht,
in der Hand.

3

Dein Name auf meinen Lippen,
immer am Rande des Rufs,
er darf nicht zu Boden fallen.
Kein Tropfen deines Namens
darf zu Boden fallen.
Ich trage das volle Gefäß
mit Vorsicht.
So leise kann er nicht fallen,
dein Name,
daß nicht der Tag zerbirst.
Und so laut nicht
daß du ihn hörst.

Manuskripte ordnend

Im Weinkeller
meiner Gedichte.
Mir wird ganz schwindlig
von dir.

Hinter den Fensterscheiben
eine große Wolke
zieht langsam
von Vorhang zu Vorhang.

Kindersarkophag

Die Kinder tragen im Spiel
die unnützen Burgen ab
mit ihren Kinderhänden.

Ich habe es verstanden.

Die Ölbäume wachsen einen Zentimeter
ihrer langsamen Zeit
wenn wir lang genug leben.

Du brauchst es mir nicht zu sagen.

Manche der Kinder sterben
zehnjährig
und liegen auf ihrem Sarg.

Wir sehen uns nicht wieder.

Sarg von Vögeln und Blumen,
Jahrhunderte,
erstaunten Auges.

Wir sind schon andere.

Prinzenkinder.
Ohne die Liebe zu kennen.

Wir lernen Verlernen.

Flut

Ich fühle, wie das unruhige
Wasser
deines Herzens steigt.

Ich bitt dich um nichts.

Lasse mich
ertrinken.
Rette das Bild.

Morgens und abends

1

Immer wieder die schwarzen Vögel
über mich wegfliegend.
Diese Frühaufsteher,
wenn ich die Augen öffne.

Und des Abends
– ich zu müd mich zu wehren –
ein verspäteter,
der in meinem Haar übernachtet.

2

Die Wiesen, die Augen
früh und spät
so naß.

Dazwischen
ist Tag.

Behütet

Ich schlafe im Schutz
meiner Traurigkeit.
Das Leid wie das Glück
baut Mauern.

Ich, ohne Haus,
immer im Schutz dieser Mauer,
wo der Krieg
stillsteht.

Wo ich an der Wunde
von einer Taube
Brustfeder
sterbe.

Nur Zeugen

Diese entblätternde Blume,
Sehnsucht,
ins Zeitlose
so langsam
fallend.

Der Schmerz
mit der durchschnittenen Nabelschnur,
gestern noch heilbar,
heute schon weit
im Niewieder.

Nichts können wir ändern,
nur zusehn,
über dem unbegreiflichen
Vermögen weh zu tun
die Tränen mischend.

Letzte Mitteilung

Mein Bett ein Blatt
auf den Gefällen der Nächte,
immer schneller.

Ich sehe die Ufer nicht,
habe die Neugier verloren,
lege nicht an.

Das Segel aus Briefen
ziehe ich ein,
lasse keine Adresse.

Trost, spätfüßiger,
– gestern rief ich noch –
kann mich nie mehr erreichen.

Dienstpflichtig

Dies Jahr ein Sarg.
Du hast ein volles Jahr
mit einem toten Traum geschlafen.

Du lebst noch,
du wirst eingezogen
zum Tun der Lebenden.

Du lebst noch
und der Traum ist tot,
zerbrechlich und zerbrochen,

wie Träume sind
und Lebende
nach dem Tod der Toten.

Du lebst
und bist so unbeschützt,
so unbeschützbar,

wie alle Lebenden
die lange im Grab
eines Traums gelegen haben.

Asternfeld

Wenn du weißt
daß die äußerste Plattform
immer leer ist,
das Stelldichein
mit dem Augenblick
um einen Atemzug enttäuscht.

(Nur Gott
wäre pünktlich.)

Wenn du in beiden Reihen gegangen bist:
Die all das Ihre
bei sich tragen dürfen.
Die mit dem mühsamen Gleichgewicht,
denen der Traum
nicht mitwill.

(Wenn dir der Kern
aus der Wunschkapsel fiel.)

Wenn du an Sterben denkst
als stündest du auf
und gingst ganz leise,
ohne zu stören,
in ein anderes Zimmer
wo niemand wartet.

(Du bist kein Kind,
das eine Hand bei der Hand nimmt.)

Vielleicht hebst du dann
den Kopf ein wenig,
weil in einem Asternfeld
alle Blüten
die rosa und lila Köpfe
zur Sonne drehn.

Traumwasser

Traumwasser
voll ertrunkener Tage.

Traumwasser
steigt in den Straßen.

Traumwasser
schwemmt mich hinweg.

Unterwegs

Von Herberge zu Herberge
Vergessenheit.
Der eigene Name
wird etwas Fremdes.

Deine Mutter
lebt nirgendwo,
ist längst dein Kind geworden,
das du nicht gebierst.

Und daß dich einer liebt,
daß man dich anders lieben kann
als im Vorübergehn,
das nimmt dich wunder.

Es gibt dich

Dein Ort ist
wo Augen dich ansehn.
Wo sich die Augen treffen
entstehst du.

Von einem Ruf gehalten,
immer die gleiche Stimme,
es scheint nur eine zu geben
mit der alle rufen.

Du fielest,
aber du fällst nicht.
Augen fangen dich auf.

Es gibt dich
weil Augen dich wollen,
dich ansehn und sagen
daß es dich gibt.

April

Die Welt riecht süß
nach Gestern.
Düfte sind dauerhaft.

Du öffnest das Fenster.
Alle Frühlinge
kommen herein mit diesem.

Frühling der mehr ist
als grüne Blätter.
Ein Kuß birgt alle Küsse.

Immer dieser glänzend glatte
Himmel über der Stadt,
in den die Straßen fließen.

Du weißt, der Winter
und der Schmerz
sind nichts, was umbringt.

Die Luft riecht heute süß
nach Gestern –
das süß nach Heute roch.

Mit leichtem Gepäck

Gewöhn dich nicht.
Du darfst dich nicht gewöhnen.
Eine Rose ist eine Rose.
Aber ein Heim
ist kein Heim.

Sag dem Schoßhund Gegenstand ab
der dich anwedelt
aus den Schaufenstern.
Er irrt. Du
riechst nicht nach Bleiben.

Ein Löffel ist besser als zwei.
Häng ihn dir um den Hals,
du darfst einen haben,
denn mit der Hand
schöpft sich das Heiße zu schwer.

Es liefe der Zucker dir durch die Finger,
wie der Trost,
wie der Wunsch,
an dem Tag
da er dein wird.

Du darfst einen Löffel haben,
eine Rose,
vielleicht ein Herz
und, vielleicht,
ein Grab.

Fremder

Ich falle durch jedes Netz,
wie ein Toter

falle ich durch die Netze hindurch.
Samenkorn ohne Erde
schwerelos
treibt mich der Wind
aus allen Netzen empor.

Wohin ich komme, Gespinst von Wegen,
eng geknüpft.

In jeder Stadt liegt bereit
was sie brauchen,
Spielzeug und Hochzeitslaken
und der Platz
bei dem Sarg der Mutter.

Ich brauche nichts, ich komme und gehe
mit offenen Händen.

»Unsere Sprache sprichst du«,
sagen sie überall
mit Verwundern.
Ich bin der Fremde,
der ihre Sprache spricht.

2

Vor mir wird aufgebaut,
hinter mir abgeräumt,
die Bühne aus sehr dauerhaften
Häusern, Straßen, Bäumen.
Minuten ehe ich komme,
ein Platz, Stühle, ein Tisch.
Man bringt mir Kaffee,
ich spreche die Sprache des Kellners.
Stunden entfernt
baut man ein Schlafzimmer auf
in einem lauten Hotel.
Niemand wartet am Zug.

Ich ziehe um mich
das kleine schon dünne Tuch
deiner Liebe,
mein einziges Kleid.
Ich gehe im Licht
eines fernen
längst erloschenen
Lächelns.

Orientierung

Mein Herz, diese Sonnenblume
auf der Suche
nach dem Licht.

Welchem
der lang vergangenen Schimmer
hebst du den Kopf zu
an den dunklen Tagen?

Bitte an einen Delphin

für Christine Busta

Jede Nacht
mein Kissen umarmend wie einen sanften Delphin
schwimme ich weiter fort.

Sanfter Delphin
in diesem Meer von Herzklopfen,
trage mich,

wenn es hell wird,
an einen gütigen Strand.
Fern der Küste von morgen.

Zärtliche Nacht

Es kommt die Nacht
da liebst du

nicht was schön –
was häßlich ist.

Nicht was steigt –
was schon fallen muß.

Nicht wo du helfen kannst –
wo du hilflos bist.

Es ist eine zärtliche Nacht,
die Nacht da du liebst,

was Liebe
nicht retten kann.

Rückkehr der Schiffe

Du hast alles fortgehen lassen
was dir gehörte.
Auch die Erwartung.
Abgewandt stieg sie aufs Schiff,
ehe sich's löste
aus deiner Bucht.

Du vergißt dein Gesicht.
Ein Toter fast
der sich noch regt
und der sich noch die Nägel schneiden kann,
dem auch die Wangen oft naß sind,
ohne daß er merkt daß er weint.

Aber nichts stirbt ganz.
Schläft nur in dir, dem fast Toten.
Alles kann wiederkommen.
Nicht so.
Aber doch, auf seine Art,
wieder-kommen.

Auch das Schiff.
Alle deine Schiffe zugleich.
Ein sanftes Licht.
Du weißt es selber nicht,
sind dir die Schiffe heimgekehrt,
heben hohe Bäume sich aus dir?

Nur daß Weite und Licht ist
in deiner unendlichen Brust
und sich alles versöhnt, bei seiner
Einfahrt in diese große Wunde
ohne Ränder, die
vollsteht mit einem süßen Wasser.

LIEDER ZUR ERMUTIGUNG

I

Unsere Kissen sind naß
von den Tränen
verstörter Träume.

Aber wieder steigt
aus unseren leeren
hilflosen Händen
die Taube auf.

II

Lange wurdest du um die türelosen
Mauern der Stadt gejagt.

Du fliehst und streust
die verwirrten Namen der Dinge
hinter dich.

Vertrauen, dieses schwerste
A B C.

Ich mache ein kleines Zeichen
in die Luft,
unsichtbar,
wo die neue Stadt beginnt,
Jerusalem,
die goldene,
aus Nichts.

III

für Li

Diese Vögel
ohne Schmerzen,
diese leichtesten goldenen
Vögel
dahintreibend
über den Dächern.

Keiner
nach dem andern
fragend.

Ohne Bitte,
ohne Sehnsucht,
sich mischend, sich trennend.

Wir,
unter den Dächern,
uns anklammernd.

Sieh,
die Sonne kehrt
wieder
als goldener Rauch.
Die fallende steigt.
Steigt aus den Dächern Hiobs.
Es tagt
heute
zum zweiten Mal.

223

WAS FÜR EIN ZEICHEN
MACHE ICH ÜBER DIE TÜR

Den Kopf hochzuhalten ist das Merkmal
des Menschseins.
Nach *Pico de la Mirandola*

Lyrik

das Nichtwort

ausgespannt
zwischen

Wort und Wort.

Einhorn

Die Freude
dieses bescheidenste Tier
dies sanfte Einhorn

so leise
man hört es nicht
wenn es kommt, wenn es geht
mein Haustier
Freude

wenn es Durst hat
leckt es die Tränen
von den Träumen.

Landen dürfen

Ich nannte mich
ich selber rief mich
mit dem Namen einer Insel.

Es ist der Name eines Sonntags
einer geträumten Insel.
Kolumbus erfand die Insel
an einem Weihnachtssonntag.

Sie war eine Küste
etwas zum Landen
man kann sie betreten
die Nachtigallen singen an Weihnachten dort.

Nennen Sie sich, sagte einer
als ich in Europa an Land ging,
mit dem Namen Ihrer Insel.

Abfahrt aus Spanien

Ich liebe dies kahle Land
und will nichts haben.

Nur die Zeit
um mit der Zeit
allein zu sein.

Und einer Wolke zuzusehen
oder dem Blässerwerden
des Abends.

Mit der Sehnsucht von immer
und der Angst
von heute.

Auf der andern Seite des Monds

Auf der andern Seite des Monds
gehen
in goldene Kleider gehüllt
deine wirklichen Tage
sie wohnen
wie sonst du
in Helle
verscheucht von hier
weggescheucht
wandeln sie dort
du weißt es sind deine.

Du aber empfängst
Morgen nach Morgen
ihre Stellvertreter:
fremder
als jedes fremde Land.
Du weißt
die deinen
wandeln in Helle
sie ziehen Tag um Tag
neben dir her
nur auf der anderen Seite des Monds.

Heimkehrer

Alle Erinnerung weggelitten
zu weit
zu weit über das Ziel
vor Heimweh.

Aber die Zärtlichkeit
eines Keimblatts
ohne die kein Wachstum ist
der Schutz
einer Hand.

Die hohe Spirale
auf der wir
alles
viel zu spät lernen.

Was für ein Zeichen mache ich über die Tür

Was für ein Zeichen
mache ich über die Tür
um bleiben zu dürfen?

Das Jahr im Laufschritt
die Luft voller Pollen
die Rebe macht Herbst.

Wir haben die Prüfung bestanden
das Haus gebaut
wir können gehen.

Überall
legen wir Blumen aufs Wasser
den Toten
die nicht in der Erde ruhn.

Schneide das Augenlid ab

Schneide das Augenlid ab:
fürchte dich.

Nähe dein Augenlid an:
träume.

Aktuelles

1

Und immer der Garten

unter blühenden Bäumen
immer
das Frühstück

unter der Erde
Traumvolk
die Gehenkten

unsere Kinder.

2

Knochen und Steine
Steine
nicht werfen
Steine nicht nicht werfen.
Mauern mit Steinen bau'n.
Mauern
nicht bau'n.

Die Arme
sinken lassen
Die Arme heben
sich weinend
umarmen.
Gebrauchsanweisung
für Arme.

›Seids gewesen, seids gewesen!‹

Die letzte Erde
der Erde letzter Tag
die letzte Landschaft
die eines letzten Menschen Auge sieht
unerinnert
nicht weitergegeben
an nicht mehr Kommende
dieser Tag
ohne Namen ihn zu rufen
ohne Rufende

nicht grüner
nicht weißer
nicht blauer
als die Tage die wir sehn
oder schwarz
oder feuerfarben
er wird einen Abend haben
oder er wird keinen Abend haben
seine Helle sein Dunkel
unvergleichbar.

Die Sonne die leuchtet falls sie leuchtet
unbegrüßt
nach diesem Tag
wird es sich unter ihr öffnen?
Werden wir

als Staunende
wieder herausgegeben
unter einem währenden Licht?

Zünder der letzten Lunte
Maden der Ewigkeit?

Salva nos

1

Heute rufen wir
heute nennen wir.
Eine Stimme
die ein Wort sagt
das Widerfahrene

mit etwas Luft die in uns aufsteigt
mit nichts als unserm Atem
Vokale und Konsonanten
zu einem Worte fügend
einem Namen

es zähmt
das Unzähmbare
es zwingt
einen Herzschlag lang
unser Ding zu sein.

2

Dies ist unsere Freiheit
die richtigen Namen nennend
furchtlos
mit der kleinen Stimme

einander rufend
mit der kleinen Stimme
das Verschlingende beim Namen nennen
mit nichts als unserm Atem

salva nos ex ore leonis
den Rachen offen halten
in dem zu wohnen
nicht unsere Wahl ist.

Von uns

Man wird in späteren Zeiten von uns lesen.

Nie wollte ich in späteren Zeiten
das Mitleid der Schulkinder erwecken.
Nie auf diese Art
in einem Schulheft stehn.

Wir, verurteilt
zu wissen
und nicht zu handeln.

Unser Staub
wird nie mehr Erde.

Schöner

Schöner sind die Gedichte des Glücks.

Wie die Blüte schöner ist als der Stengel
der sie doch treibt
sind schöner die Gedichte des Glücks.

Wie der Vogel schöner ist als das Ei
wie es schön ist wenn Licht wird
ist schöner das Glück.

Und sind schöner die Gedichte
die ich nicht schreiben werde.

Köln

Die versunkene Stadt
für mich
allein
versunken.

Ich schwimme
in diesen Straßen.
Andere gehn.

Die alten Häuser
haben neue große Türen
aus Glas.

Die Toten und ich
wir schwimmen
durch die neuen Türen
unserer alten Häuser.

Exil

meinem Vater

Der sterbende Mund
müht sich
um das richtig gesprochene
Wort
einer fremden
Sprache.

Versprechen an eine Taube

Taube,
ich suchte einen Tisch
da fand ich
dich,
Taube,
auf dem Rücken liegend
die rosa Füße an den hellen Leib gepreßt
abgestürzt
aus dem Licht,
Botin,
in einen Trödelladen.

Taube,
wenn mein Haus verbrennt
wenn ich wieder verstoßen werde
wenn ich alles verliere
dich nehme ich mit,
Taube aus wurmstichigem Holz,
wegen des sanften Schwungs
deines einzigen
ungebrochenen
Flügels.

Nacht

Man hat mich Tote aufs Wasser gelegt
ich fahre die Flüsse hinunter

die Rhône den Rhein den Guadalquivir
den Haifischfluß in den Tropen.

Am Meer die Särge.
Ich ohne Münze zwischen den Zähnen

ich treibe in meinem Bett
an den barmherzigen

Bewahrern
geliebter Toter vorbei

überzählig
unnützer als Treibholz

in den Tag.

Schlaflied

Die Drosseln rufen schon süß:
Nachtigall
schlafe ein.

Ein Tropfen Äther
Nachtigall
und wir schlafen.

Die blühenden Bäume
verlieren die Blüten nicht mehr
in dem ewigen Morgen.

Beklemmung

Mich ängstigt
die Arroganz
diese Sicherheit
ohne Sicherheit
derer die beim Gasometer wohnen
und den Flieder hassen.
Finger
ohne Fingerspitzen
immer in Tuchfühlung
Staunen
künstlich
produzierend
fischherzig
wie die Fische in Schwärmen
hinter dem Leitwort
flitzend.

Es ist wahr, ich ängstige mich
vor der Kathode
im Gehirn
vor dem Druck dieses Knopfs
der den Hahn
(einen Hahn in New York,
einen Hahn in Frankfurt)
zur gleichen Minute
krähen macht.

In der Höhle des Polyphem

Der blinde Riese greift wieder nach mir.
Seine Hand zählt die Schafe.

Fortgehn schon wieder
unter dem Bauch des Widders.
Schon einmal
unter der zählenden Hand.

Die fortgehn
lassen alles zurück
die fortgehn
unter der zählenden Hand.

Die fliehen
vor dem Riesen
nehmen nichts mit
als die Flucht.

Kalender

1

Grüne Pfennige
zittern
an den Birken.
Die Bäume binden sich kleine Wolken vor.
Die Vögel so aufgeregt
mit bebenden Kehlen.
Wer hier geblieben wäre
könnte das Leben
nach den Kastanienblüten zählen.

2

Die geprügelten Tage
die so zutraulich begannen.

Schon hängen die Früchte ins Fenster.
Gestern
die Dolden.

Einer
deiner Sommer.

3

Der Schmerz steigt wie ein großer Nebel hoch
und löscht
die Ränder der Jahre.

Fünf Ausreiselieder

1

Hier

Ungewünschte Kinder
meine Worte
frieren.

Kommt
ich will euch
auf meine warmen
Fingerspitzen
setzen
Schmetterlinge im Winter.

Die Sonne
blaß wie ein Mond
scheint auch hier
in diesem Land
wo wir das Fremdsein
zu Ende kosten.

2

Ausreisegedicht

Die Gegenstände sehen mich kommen
barfuß
ich gebe ihnen die Freiheit wieder
meinem Bett das mein Bett sein wollte
meinem Tisch
den Wänden die auf mich zu warten versprachen
wie die Wände der Kindheit.
Meine sanften Gegenstände
ihr wolltet mich sammeln.

Gegenstände
ihr seht mich gehn.

3

Ich flüchte mich zu dem kleinsten Ding

Ich flüchte mich zu dem kleinsten Ding
der Ewigkeit eines Mooses
feucht
fingergroß
von der Kindheit
bis heute.

Ich Gulliver
lege mein Gesicht in dies Moos
Gulliver
dessen Schritt
stehe ich auf
die Grenze des Lands überschreitet.

4

Keine Zeit für Abenteuer

Wenn die Enden der Welt dir Vorstädte sind

du kennst den Geruch
du rückst die Buchstaben nebeneinander
die öffnen
und gehst hinein
nicht
in Weite
in andere Enge.

Aus deiner Tür
wohin denn?
Wohnst du nicht häuslich
wie jeder
einsam
wie jeder
im Schlund deines Tigers?

Nein, es ist keine Zeit
für Abenteuer.

5

›Silence and exile‹

Unverlierbares Exil
du trägst es bei dir
du schlüpfst hinein
gefaltetes Labyrinth
Wüste
einsteckbar.

Bedrohung

Eine unordentliche Reihe von Tagen
steht Schlange vor meiner Tür
Gläubiger
so weit ich sehe
alle wollen etwas von mir
jeder mit seinem Aufgabenzettel
schon heute
für das Morgen fordernd.

Ich schließe mich ein
mit dem Tag
mit der Stunde
mit dieser kurzen
ewigen Minute.
Krampfhafte Umarmung
der schon gekündigten
Wände mit den gelben Gardinen.

Wenn ich nur bleiben dürfte
in dieser Minute
dieser leergeträufelten
infamen Minute
die kaum sich selber enthält.

Die Tage draußen
sagen laut
was sie verlangen.

Abnehmen wollen sie mir
Tauschgeschäft nach Tauschgeschäft
und versprechen nichts.

Rückwanderung

Gerade verlern ich
den Wert
der leeren
Konservendose.

Gerade habe ich gelernt
eine Blechdose fortzuwerfen
mit der meine Freundin Ramona
dem Gast
mit der meine Freundin Ramona
mir
das Wasser schöpft
aus dem großen irdenen Krug
in der Ecke der Hütten
wenn mich dürstet
am Rande der Welt.

Gerade lerne ich bei euch
den Wert einer leeren
Blechdose
zu vergessen.

Gegen die Botmäßigkeit

> *Tout ce qui est mal en morale est*
> *mal encore en politique*
> Rousseau

Auch hier die Bäume
sie wachsen gerade
helle Stämme blaue Stämme
sie tragen Krone Blätter Blüten Früchte
fraglos.

Die Menschen
vornübergebeugt
gen Vordermann
die Sonne
fraglos.

Wenn es dreizehn schlüge
und jeder fragte
sich
fragte sich selbst.
Verhängte Spiegel

hierzulande.
Fünf ist gerade
fraglos.
Der Hintern des Vordermanns
die Sonne.

Obwohl fünf vier ist
gehorsamst
schlägt es nicht dreizehn
keiner fragt
kein Ich.

Anstandsregel für allerwärts

Man spuckt dir ins Gesicht
zieh eine Wolke um dich
sage es regne.

Ein regennasses Gesicht
ist gesellschaftsfähig
selbst ein verweintes.

Der Mißhandelte
sei unbefangen
daß ihm vergeben werde.

Sicher wußte das jeder
Jude
im Dritten Reich.

Nur die Gehängten
hingen da
ärgerlich anzusehen

und wurden geprügelt
Sterbende
für ihr Sterben.

Wer es könnte

Wer es könnte
die Welt
hochwerfen
daß der Wind
hindurchfährt.

Katalog

Das Herz eine Schnecke
mit einem Haus
zieht die Hörner ein.

Das Herz ein Igel.

Das Herz eine Eule
bei Licht
mit den Augen klappernd.

Zugvogel Klimawechsler Herz.

Das Herz eine Kugel
gestoßen
einen Zentimeter rollend

Sandkorn Herz.

Das Herz der große
Werfer
aller Kugeln.

Vertrackt

In welch
luftleerem Raum
würden die Herzen
angestoßen
sich bewegen?

Federn
in einem Vakuum
Köpfe von Blumen
schwerefrei
fliegende Seerosen?

Mit der Trägheit
verlierend
das Ziel.

Auf keine Weise
ist Ankunft.

Bei der Lektüre Pablo Nerudas

>*Einfachheit, wie schrecklich was uns passiert,*
sie wollen nichts von uns wissen
in ihren Cliquen.‹

Ich tanze
du gehst mit breitem Schritt
ich fliege
du bist ein Flußgott.
Dieser große Strom

deiner Worte
Wasser und Erde,
meine der Atem
der das Blatt bewegt.

Deine einfachen
deine unverfälschten Worte
ganz wie meine
einfachen Worte
riechen nach Mensch.

Die Botschafter

Die Botschafter
kommen von weither
von jenseits der Mauer

barfuß
kommen sie
den weiten Weg

um dies Wort abzugeben.
Einer steht vor dir
in fernen Kleidern

er bringt das Wort Ich
er breitet die Arme aus
er sagt das Wort Ich

mit diesem trennenden Wort
eben saht ihr euch an
ist er nicht mehr

geht in dir weiter.

Fingernagelgroß

Auf einer Wiese
fingernagelgroß

schläft er
der große Veränderer

der durch die Erde greift
wie durch Wasser
er könnte
die Waagschalen
umkippen und mit Wind füllen
Segel
mit Freude
Tanzschritt
wenn er aufsteht
der die Früchte befiedert

der Neuordner
er schläft

in dir in mir
fingernagelgroß.

In die Hand eines Blatts gelegt

In die Hand eines Blatts gelegt
es faltet sich
eine grüne Zelle
für diesen rufenden Trappisten
ein grüner Sarg
ins Blau gehängt
für diesen zutraulichen Fremden
für den ein Haus
ein Spielzeug ist
ein Blatt
eine Wohnung.

Nein
nur eine Hand
wäre ein Bett.

Frage

Wenn der Vogel ein Fisch wird
dieser kleine Teil von dir
der immer aufstieg

wenn er stumm

in händeloser flügelloser Welt
nicht lernt
Fisch unter Fischen zu sein?

Das Gefieder der Sprache

Das Gefieder der Sprache streicheln
Worte sind Vögel
mit ihnen
davonfliegen.

Immer kreisen

Immer kreisen
auf dem kühleren Wind
hilflos

kreisen meine Worte
heimwehgefiedert
nestlos

einst einem Lächeln entgegen
keiner trägt das Leben allein
kreisend und kreisend.

Vögel mit Wurzeln

Meine Worte sind Vögel
mit Wurzeln

immer tiefer
immer höher
Nabelschnur.

Der Tag blaut aus
die Worte sind schlafen gegangen.

Das Wachsen von Träumen

Das Wachsen von Träumen
macht Angst
als fehlten die Flügel
diese Mauern
zu überfliegen.

Schrei nach
einer Hand, einer Tür,
aus Fleisch, aus Holz.

Anweisung

Lade die Toten zu Gast
die Träne fällt aufwärts
sie kommen

die du liebst wie Lebende.

Niemals
den Lebenden
den du liebst

wie einen Toten.

Zwei Türen

Nur zwei Türen
sind verriegelt.
Alle andern laden dich ein
und öffnen dem leisesten
Druck deiner Neugier.

Nur diese Türen sind
so hart zu öffnen
daß deine Kräfte nicht reichen.
Kein Schreiner kommt und
hobelt sie ab und ölt
die widerspenstigen Riegel.

Die Tür die sich hinter dir
schloß und du bist
draußen.
Die Tür die vor dir sich sperrt und du
bist drinnen.

Dein roter Baum

Dein roter Baum
macht Winter.
Deine Vögel
fliegen auf.
Lange saßen sie stumm im Geäst.
Sie fliegen
sie kreisen über dir.
Sie werden fremd.

Alternative

Ich lebte auf einer Wolke
einem fliegenden Teller
und las keine Zeitung.

Meine zärtlichen Füße
gingen die Wege nicht mehr
die sie nicht gehen konnten.

Einander tröstend
wie zwei Tauben
wurden sie jeden Tag kleiner.

Gewiß ich war unnütz.

Der Wolkenteller zerbrach
ich fiel in die Welt
eine Welt aus Schmirgelpapier.

Die Handflächen tun mir weh
die Füße hassen einander.
Ich weine.

Und bin unnütz.

Entfernungen

1

Der Mensch dies Haustier

Traum-Metöke
Amphibium
die Füße in einem Traum
die Hände in einem Zimmer
gehend in fremden Träumen
immer in dem unbekannten Land
der andern
nie
das eigene Auge sehend
nur im Traum
nur von weit
nur im Auge des andern.

2

Entfernungen

die staunende Fingerspitze
der Zeigefinger
der dich
oder den andern
anrührt
der eine Spur läßt
keine Spur läßt
dein Zeigefinger
ein staunender
ein unwiederholbarer
Zentimeter
Haut.

3

Die sanfte Kuppe
unwiederholbar
du berührst
die Haut der Dinge
mit deiner Haut
die Rundung und die Kanten
der Dinge
ganz sanft
ihre Außenseite.

4

Dein einmaliger Finger
deine Hand
voll einmaliger Finger
deine sterbliche Hand
unterwegs
zu dem Anfaßbaren
streichelnd
seine Außenseite.

Dein sanfter Finger
ein Samen auf Asphalt
er schlägt keine Wurzel
im Erdreich
der Dinge.

5

Die Dinge
haben harte Hände
wir sind durchlässig
sie säen in uns
wortlos
ihren Samen
in uns, Einmaligen,
sie,
die Bleibenden.

Wir schwanger
mit unsern Toten
unsern Lebenden
mit den gedächtnislosen
Dingen
gehen
über ihr Pflaster
und gehen
dahin.

Entfernung

Die Entfernung
eines Kranken

von dem der bei ihm sitzt
ist nicht weiter

als die Kontinente
voneinander.

Unendlich weit.
Nur dieses

Hand in Hand.
Und doch es gilt nur

unter Gehenden.

Wir nehmen Abschied

Wir nehmen Abschied
freiwillig.
Was wir lieben bleibt
puppengroß
auf einem Streifen Zement
als könnten wir
die Puppe
so wiederfinden.

Wir behalten das
Heimweh nach dem Abschied
lange
nach der Rückkehr.

Brief auf den anderen Kontinent

Sieh dich nicht um
nach mir

Eurydike
immer mit dir

die Hand
deine Schulter berührend

unter den fernen Bäumen.

Marionette

Der Regenbogen
das Gängelband
am anderen Ende

die Traumfigur
eine Puppe aus Fleisch und Blut

mit ausgebreiteten Armen
immer
mit ausgebreiteten Armen.

Unterwegs

Über mir
wölb ich den Lichtball.

Wenn meine Stimme leiser wird
wo soll ich hin
mit diesem Ich
das täglich Junge wirft
Neugeburten.

Die Sonne
kommt nicht wieder
und geht nicht unter.
Ich
unterwegs

in einer Fruchthülle
aus Licht.

Ruf

Mich ruft der Gärtner.

Unter der Erde seine Blumen
sind blau.

Tief unter der Erde
seine Blumen
sind blau.

Tunnel

dem Andenken Virginia Woolfs

Zu dritt
zu viert
ungezählte, einzeln

allein
gehen wir diesen Tunnel entlang
zur Tag- und Nachtgleiche

drei oder vier von uns
sagen die Worte
dies Wort:

›Fürchte dich nicht‹
es blüht
hinter uns her.

Irgendwann

Irgendwann
eine eiternde Wunde
ein Schrei
nicht hörbar
wird es aufbrechen
mit einer Kinderstirn wird es einhergehn
barfüßig
waffenlos
dieses Leuchten
Jahrhunderte
Gesellschaftsordnungen
können ihm nichts tun.

Es wird sein von immer zu immer
wie die Tränen gleich sind auf allen Gesichtern
durch die Kontinente, die Jahrhunderte,
wenn es kommt
dieses Lächeln
gleich hell auf den Gesichtern
aller Hautfarben
dieses Einverständnis
ist und wird gleich sein
immer
das Lächeln
der Verzicht.

Es knospt

Es knospt
unter den Blättern
das nennen sie Herbst.

Nicht müde werden

Nicht müde werden
sondern dem Wunder
leise
wie einem Vogel
die Hand hinhalten.

Ars longa

Der Atem
in einer Vogelkehle
der Atem der Luft
in den Zweigen.

Das Wort
wie der Wind selbst
sein heiliger Atem
geht es aus und ein.

Immer findet der Atem
Zweige
Wolken
Vogelkehlen.

Immer das Wort
das heilige Wort
einen Mund.

AUGENTURM

Wort und Ding

Wort und Ding
lagen eng aufeinander
die gleiche Körperwärme
bei Ding und Wort

Monologe

Die Monologe
jeder
redet für jeden
die zuhören
schweigen
sind Abwesende
parallele Strahlen
aus den Mündern
die Atemreise des Worts
ein Signal
und noch ein Signal
Signalisierende
Rennbahnen ohne Ziel
für die Zeichen
die fortstürzen
aus deinem Mund
aus meinem Mund
rufend
stimmlos

Sie treffen sich
werden zusammengebogen
die Botschaften
jeder redet für jeden
gefiltert
die tonlosen Worte
und umgewandelt
in das Wort

Jeder hört
die harten Anpralle
des eigenen Worts
das wiederkehrt
aus der Stratosphäre
ein Lufthauch
im Lufthauch
so hörte Hölderlin seine Worte
die ungesammelten
sie zogen vorbei
einkehrlos

Der große Luftzug

Das Wort neben mir
der Saum des Worts
ganz dicht

tief atmen
die Haut
zwischen dem Wort und mir
durchatmen

der große Luftzug
in dem die Worte fliegen

Augenturm

Der Augenturm
das Jahresauge
weit offen
das oberste
ich klettere
auf und nieder Selbstdressur
ich bediene alle Öffnungen
manche erblinden
ich reiße die Lider auf
ich will aus diesen Augen sehen
aus allen
die ersten in Bodenhöhe
die neugeborenen
blaue Tieraugen
ich fange auf einem Meter an
frühestens
unter Wasser fast
Urmilch
aus der wir kommen
in die wir
gehn
ertrinkend täglich
den Kopf
über dem Wasser
mit Not

an guten Tagen
auf dem Rücken liegen

dahintreiben
auf dem Liquiden
den Himmel ansehn
mühelos
atmen

Anfang

Es blättert sich auf
das Meer blättert sich auf
die Lippen
dazwischen liegt
weit hinten
eine silberne Kugel
der Anfang

Mit Libellenarmen danach greifen
der Anfang
klein hell
noch sichtbar

wenn du in dieses Haus gehst
und aufmerksam bist
wird sie nicht rollen
wenn du zurückgehst
und das Ja und das Nein
lange abgegeben
dein Ja und dein Nein

sieh die Kugel
unbekannt
das war
du konntest wählen

Angsttraum I

Das blaue
mein Leben

der blaue Blutfleck
ausgegossen

der Saft aller Farbbänder
ihr Leben

ihr Weg auf dem Papier
diese kleinen Pfoten

tiptap
meine Worte

meine ungeschriebenen Worte
die gesagten die geschriebenen

die vielen
ungesagten

ich träume
von einem großen blauen Blutfleck

dem Wortetod
dem Tod

meinem
ihr Kolibrifüße

Fußstapfen fußloser Vögel

Rosenblätter

Mit dem Kopf nach unten
4 cm
freiwillig
die Fersen in Herzhöhe
fahre ich in die Nacht
Ein Schlag auf den Fußboden
ich mache Licht
es sind die Rosenblätter

Senkblei

Das Senkblei wanderte mit uns
die Hand in der Hand
Nest unserer Finger
wir wohnten dort

Oder waren die zehn Finger
zehn Finger von mir
dein Haus
du wohntest darin

Mit den gleichen Augen

Der Zweikampf
Die Augenblicke
Es riecht nach Veilchen
sagtest du die erste Nacht
Die Sterbenden
entlang den Weg
kleiner werdend
durchsichtig
die Sterbenden
die weißeste Schulter
lange begrabene
unsterbliche
ich half der Velázquez Venus
sterben
ich lobte ihren sterbenden Augen
ihre weiße
ihre vor allen schöne
Schulter
ein Schwan
flog sie nicht fort
in dem Sarg war ein Fenster
für ihr Gesicht
handtellergroß
die Sterbenden
die ich kleiner werden
und sterben sah
die ich liebte
Fremde

in ihrem Sterben
entlang den Weg
mit den Toten
die in mir leiser werden
um dich herumgehend
mit immer anderen
Augen

Mit den gleichen Augen

Viele

Viele liegen dort
ich tauche die Hand ins Wasser
ich berühre die Stirn eines jeden
das Haar
die zärtliche Biegung am Hals
wenn ich das Haar berühre
riecht es noch
der Tote steht auf
er ist fast im Zimmer
dann berühre ich dein Haar
es ist seines
es gibt viele hundert
oder du hebst die Hand du sagst etwas
einer steht auf
der Fußboden unter mir
ändert sich
die Sonne ändert sich
wenn sie kommen
einer von ihnen
seine Form über dir liegt
ich sein Haar berühre
wenn ich dein Haar berühre

Geburtstage

Sie ist tot

heute ist ihr Geburtstag
das ist der Tag
an dem sie
in diesem Dreieck
zwischen den Beinen ihrer Mutter
herausgewürgt wurde
sie
die mich herausgewürgt hat
zwischen ihren Beinen

sie ist Asche

*

Immer denke ich
an die Geburt eines Rehs
wie es die Beine auf den Boden setzte

*

Ich habe niemand ins Licht gezwängt
nur Worte
Worte drehen nicht den Kopf
sie stehen auf
sofort
und gehn

Lichtinsel

Mein Schatten
der schmalste einsamste
unter den Toten

Auf der Lichtinsel
streunend
herrenlos

Vielleicht
diese Scharen
vielleicht
einzelne geschart
vielleicht
unter ihnen
wir
neu ausgesät

Als Bäume
werden wir sanfter sein

Vielleicht
als Bäume

Angsttraum II

Ein Zug fuhr vor
dort lag das geliebte Antlitz
und lebte noch
und sah noch aus den dunklen Augen
und sah nicht
weiß lag es und blickend
sauber vernäht die blassen
Ränder dieses blassen Gesichts
Dunkel um die dunklen
sehenden Augen
ich kannte es nicht
es kannte mich nicht
du lebst rief ich
du lebst
der Zug fuhr fort
er schloß sich wie ein schwarzes Etui
über dem blassen Gesicht
Es lebte

Immer mit den vollen Händen

Immer mit den vollen Händen
es wachsen auf ihnen
es verdorren auf ihnen
und säen sich neu
Wiesen
Wälder Tiere
wachsen und leben dort
leben und sterben und werden geboren
auf meinen Händen
die gesamte Natur
vor der Erschaffung des Menschen

Ich staune sie an diese Landschaft
ich bewässere sie
mit dem gedeihlichen Wasser
mit Tränen

Immer den Kopf geneigt
einer Stimme entgegen
von der ich schon weiß
ich werde sie nie
hören

Änderungen

Neben meinem Kopf
ich lege ein Stück Weißbrot neben meinen Kopf
mit seinen goldenen Rändern
gieße Wein dazu
streue Salz
aus meinem Kissen wächst eine Laube
mein Bettuch wird zum Tischtuch
das Tischtuch
zum Leichentuch

Linke Kopfhälfte

In dieser kleinen Halbkugel
auf der mein Haar grau wird
wohnen die Wörter
dies Wörternest

Meine Hand
nimmt das Nest in die Hand

Die rechte sagt man
ist leer von Worten

Auslauf für das unbenutzte
Vokabular
der Erinnerung

Lektüre

Durch ein großes Tor
ziehn die Bücher in mich ein
sie zahlen etwas
bei ihrem Eintritt
sie geben etwas ab
bei meiner unsichtbaren Garderobiere

Das Theater
in das sie eintreten
ist dunkel
ich selber stehe am Eingang
die die ich liebe
ich weiß nicht wie sie herauskamen

kommen immer von neuem

Wunsch

Ich möchte von den Dingen die ich sehe
wie von dem Blitz
gespalten werden
Ich will nicht daß sie vorüberziehen
farblos bunte
sie schwimmen auf meiner Netzhaut
sie treiben vorbei
in die dunkle Stelle
am Ende der Erinnerung

Gespräch mit meinen Pantoffeln

Die verlassenen Schuhe
zurückgelassen
am Rande
eines Kraters
eines Flusses
eines Betts
diese Schuhe
aus denen die Füße
fortgingen
an einem Rande
barfuß
in das schuh- und kleiderlose Land

Meine Pantoffel
die mich ansehen
sie sitzen vor meinem Bett
und sehen mich an
Seite an Seite
wie sie mich ansehen
die zärtlichen Tiere
Ich kniee nieder
und streichle
meinen verängstigten
Pantoffeln
das Fell

Überfahrt

Ein Kind
das macht die Ferne
es hat lockeres weißes Haar
es trägt ein schwarzes Kleid
es ist kein Kind
es steht in einem Boot
mir abgewandt
es hebt die Arme –
nicht zu mir –
auf der andern Seite ist Land

Ich sehe nur den Rand dieses Boots
und die seit immer bekannte
leichte
Drehung des Kopfs

Das Bild zu Sais
Anti-Portrait

Dein Gesicht ist
in jedem Jahrhundert das gleiche

dein Gesicht
nur im Dunkel kenntlich

Wir sehen es mit den Fingerspitzen
wir berühren dein Haar

Bei Tage bist du vermummt
wie ein Beduinenweib
oder eine Karnevalsmaske

Seit Jahrhunderten siehst du uns an
und erlaubst
daß wir Du zu dir sagen

Geh hin

1

Geh hin umarme
einen Baum
geh hin
umarme einen Baum
geh hin umarme einen Baum
er weint mit dir

Nietzsche umarmte das Pferd
auf einem Platz voller Menschen
einem menschenleeren

Das war noch ein Unterschied
es gab Pferde
heute denken wir
daß es auch Menschen gab
morgen denken andere
daß wir noch Glück hatten
mit diesen Menschenattrappen
mit diesen feindlichen
Nicht-Brüdern

Euer Robinson
Euer Robinson
Euch wird es nicht geben
Elias auf einem Helikopter
entführt den Einsamen

nein
niemand kommt
der Wahrheit sei Ehre
niemand kam niemand
wird kommen

2

Kahl wie ein Affenhintern die Erde

Hülle ihn in Acryl
deinen Abseitigen
bis die Rose wieder heranreift

bis die Rose wieder heranreift

3

Wiederhole wiederhole wiederhole
damit die Worte nicht alleine sind

In der lärmenden Stille
verliert sich das Wort
gib ihm den Schall mit
seine Frage an sich selbst

Das Wiederholte wird sicher
das Wiederholte wird ungewiß

Wegen dieser Ungewißheit
die anfängt wo das Wort aufhört
müssen die Worte gesagt sein
muß ich die Worte sagen

Filter

Die engste Tür
hindurchgefiltert
neu versammelt
Freiheit
der andere Zustand
Augenlos
Gehörlos
kein Griff mehr an dir
für Mißgriff

Die Zärtlichkeit des Erwachens
und die Zeitung
Die Sonne leuchtet die Sackgassen aus
du erwachst nicht mehr
du filterst hindurch
durch alle toten Enden
ins Unantastbare

Leben das Unantastbare
so angetastet
all diese Fingerabdrücke auf dir
vergiß
Leben
Leben
vergiß
vergiß die Augen
Freiheit
das Unantastbare

Der Regen
meint es nicht böse
Die Erde
meint es nicht böse
Und die Menschen
die Hände der Menschen
Das Unantastbare
gereinigt von dem Antastbaren
Leben
Freiheit
filtere dich
der neue Zustand

DIE HAUT DES PLANETEN

damit es anders anfängt
zwischen uns allen

Ich will dich

Freiheit
ich will dich
aufrauhen mit Schmirgelpapier
du geleckte

die ich meine
meine
unsere
Freiheit von und zu
Modefratz

Du wirst geleckt
mit Zungenspitzen
bis du ganz rund bist
Kugel
auf allen Tüchern

Freiheit Wort
das ich aufrauhen will
ich will dich mit Glassplittern spicken
daß man dich schwer auf die Zunge nimmt
und du niemandes Ball bist

Dich
und andere
Worte möchte ich mit Glassplittern spicken
wie es Konfuzius befiehlt
der alte Chinese

333

Die Eckenschale sagt er
muß
Ecken haben
sagt er
Oder der Staat geht zugrunde

Nichts weiter sagt er
ist vonnöten
Nennt
das Runde rund
und das Eckige eckig

Drei Arten Gedichte aufzuschreiben

1

Ein trockenes Flußbett
ein weißes Band von Kieselsteinen
von weitem gesehen
hierauf wünsche ich zu schreiben
in klaren Lettern
oder eine Schutthalde
Geröll
gleitend unter meinen Zeilen
wegrutschend
damit das heikle Leben meiner Worte
ihr Dennoch
ein Dennoch jedes Buchstabens sei

2

Kleine Buchstaben
genaue
damit die Worte leise kommen
damit die Worte sich einschleichen
damit man hingehen muß
zu den Worten
sie suchen in dem weißen
Papier
leise
man merkt nicht wie sie eintreten
durch die Poren
Schweiß der nach innen rinnt

Angst
meine
unsere
und das Dennoch jedes Buchstabens

3

Ich will einen Streifen Papier
so groß wie ich
ein Meter sechzig
darauf ein Gedicht
das schreit
sowie einer vorübergeht
schreit in schwarzen Buchstaben
das etwas Unmögliches verlangt
Zivilcourage zum Beispiel
diesen Mut den kein Tier hat
Mit-Schmerz zum Beispiel
Solidarität statt Herde
Fremd-Worte
heimisch zu machen im Tun

Mensch
Tier das Zivilcourage hat
Mensch
Tier das den Mit-Schmerz kennt
Mensch Fremdwort-Tier Wort-Tier
Tier
das Gedichte schreibt
Gedicht
das Unmögliches verlangt
von jedem der vorbeigeht
dringend

unabweisbar
als rufe es
›Trink Coca-Cola‹

Sehnsucht

Die Sehnsucht
läßt die Erde durch die Finger rinnen
alle Erde dieser Erde
Boden suchend
für die Pflanze Mensch

Das ist es nicht

Das ist es nicht
daß wir gedreht werden
von Abend zu Morgen
zu Abend
auf einer Kugel von der wir jetzt wissen
daß sie blau ist
die wir sich drehen sehen
das ist es nicht
wir hängen kopfüber ins Leere
wir sind es gewohnt
auch nicht das Fließband auf das wir geleimt sind
von unserer Herstellung im Mutterleib
unserm Verpacktwerden in
Kisten jeder Größe und Art
zusammen mit andern
und zuletzt in die kleinste
dunkelste
allein
die kleinste Einzelzelle
so eng wie der Mutterleib so ohne Fenster
wir sind es gewohnt

Sagte nicht einer
Dies und dies Volk
›ist es gewohnt gefoltert zu werden‹

Das ist es nicht
wir haben das alles längst unterschrieben

jede Nacht wird es unterschrieben
für die Kinder jeder Nacht
auf den Bettüchern wird es paktiert
Gebärtüchern
Leichentüchern
Du wirst gedreht auf einer blauen Kugel
kopfüber vom Hellen ins Dunkle
das merkst du nicht
auch nicht das Fließband
aus der Einsamkeit in die Einsamkeit
deine Handvoll Asche
das ist es nicht
obwohl es auch das ist
du vergißt es bei schönem Wetter
das kleinste Fließband ist es
das ist nicht sichtbar
das ist nicht unterschrieben
das wird täglich

Auf dem großen Trichter
auf dem wir alle hinuntermüssen
seid ihr nur näher unten
ich bin noch weiter oben am Rand
sagte ein Aufseher im KZ
zu noch lebenden Menschen
Menschen die ihre Grube gruben
vor ihrer Erschießung er der Schießende
Ihr seid näher am Rand
Wie nah wir am Rand sind weiß keiner
daß es sich dreht
es dreht sich
er war oben und stieß sie hinunter
mit diesem Trost

Graue Zeiten

1

Es muß aufgehoben werden
als komme es aus grauen Zeiten

Menschen wie wir wir unter ihnen
fuhren auf Schiffen hin und her
und konnten nirgends landen

Menschen wie wir wir unter ihnen
durften nicht bleiben
und konnten nicht gehen

Menschen wie wir wir unter ihnen
grüßten unsere Freunde nicht
und wurden nicht gegrüßt

Menschen wie wir wir unter ihnen
standen an fremden Küsten
um Verzeihung bittend daß es uns gab

Menschen wie wir wir unter ihnen
wurden bewahrt

Menschen wie wir wir unter ihnen
Menschen wie ihr ihr unter ihnen
jeder

kann ausgezogen werden
und nackt gemacht
die nackten Menschenpuppen

nackter als Tierleiber
unter den Kleidern
der Leib der Opfer

Ausgezogen
die noch morgens die Schalen um sich haben
weiße Körper

Glück hatte wer nur
gestoßen wurde
von Pol zu Pol

Die grauen Zeiten
ich spreche von den grauen Zeiten
als ich jünger war als ihr jetzt

2

Die grauen Zeiten
von denen nichts uns trennt als
zwanzig Jahre

Die Köpfe der Zeitungen
das Rot und das Schwarz
unter dem Worte ›Deutsch‹

ich sah es schon einmal
Zwanzig Jahre:

Montag viel Dienstag nichts
zwischen

uns und den grauen Zeiten

3

Manchmal sehe ich dich

von wilden Tieren zerrissen
von Menschentieren

Wir lachen vielleicht

Deine Angst die ich nie sah
diese Angst
ich sehe euch

4

Dich
und den
und den
Menschen wie ihr
ihr unter ihnen
Menschen wie wir
wir unter ihnen
Nackte Menschenpuppen
die heute noch die Schalen um sich haben

Die Köpfe der Zeitungen
das Rot und das Schwarz
unter dem Worte ›Deutsch‹
Die Toten stehen neben den Kiosken
und sehen mit großen Augen
die Köpfe der Zeitungen an
den schwarz und rot gedruckten Haß
unter dem Worte ›Deutsch‹
Die Toten fürchten sich

Dies ist ein Land
in dem die Toten sich fürchten

(1966)

Ecce Homo

Weniger als die Hoffnung auf ihn

das ist der Mensch
einarmig
immer

Nur der gekreuzigte
beide Arme
weit offen
der Hier-Bin-Ich

Sisyphus
Variationen auf einen Imperativ von Mallarmé

›Die großen blauen Löcher
die die Vögel machen die argen‹
die schwarzen Risse der Nachrichten
frühmorgens
›stopfe sie
mit unermüdlicher Hand‹

Kämme die Berge
lösche
wische weg
die Kreuzfahrerheere
fahrend zu unheiligen Gräbern
die Löcher die die Kreuzfahrer machen die argen
stopfe sie
mit unermüdlicher Hand

Und Münder die rufen
mit unermüdlichem Atem
aufgestellt in allen Ländern
und riesige Herzen neue Totems
reibe sie mit Meersand ab
die siebenfältige Herzhaut die arge

Impfe
mit den Tränen der Gefolterten
uns Überlebende
uns Nachgeborene

Die Wege sind krank
Tritte der Kreuzfahrer unermüdliche
müssen geglättet werden
mit den Handflächen unermüdlichen
stopfe
die großen blauen Löcher
die die Flugzeuge machen die argen
und die schwarzen Risse
halte
die Ränder der Wunden zusammen
stopfe die Haut des Planeten
er reißt
in unserm Jahrhundert
stopfe
mit unermüdlicher
mit nie ermüdender Hand
rufe
mit nie ermüdendem Atem
die nie ermüdenden Hände

Bergaufwärts gerollt
die Steine
werden Quelle und Brot

Vaterländer

Soviel Vaterländer wie der Mensch hat
vaterlandslos
heimatlos
jede neue Vertreibung
ein neues Land macht die Arme auf
mehr oder weniger
die Arme der Paßkontrolle
und dann die Menschen
immer sind welche da
die Arme öffnen
eine Gymnastik
in diesem Jahrhundert
der Füße der Arme
unordentlicher Gebrauch unserer Glieder
irgend etwas ist immer da
das sich zu lieben lohnt
irgend etwas ist nie da

Alle diese Länder haben Grenzen
gegen Nachbarländer

Tokaidoexpreß

Wie ein Tokaidoexpreß
sind wir durch die Geschichte gefahren
und kaum noch zu sehen
Ich rede in der Vergangenheitsform
während ich atme sehe ich mir nach
ich bin das Rücklicht
Als Rücklicht
leuchte ich vor euch her
euch Dichtern eines vielleicht zweifachen
Zuhauses
des Bodens auf dem ihr bleiben dürft
euer Land wird immer größer werden
wenn die Erdoberfläche sich zusammenzieht
und die Grenzen zurückweichen
unter den Flügeln der Menchen
ihr könnt gehen und doch bleiben
und im Worte wohnen
vielleicht im Worte vieler Sprachen zugleich
doch im deutschen zuerst
im deutschen
an dem wir uns festhielten
Ich der letzte
kämpfe für euch alle
um den Stempel in diesem Paß
um unsern Wohnsitz im deutschen
Wort

Mauern sortierend

Mauern sortierend

Kataloge von Blumenzwiebeln
Stoffmuster
Muster
von Mauern.

Die chinesische Mauer
aus Porzellan.
Mauern von Avila
ihre Tore
die kleinen Hufe der Getreideesel.

Die türelosen Mauern
für Hektor
und die Paßlosen.
Gartenmauern.
Mauern aus Menschenfleisch.

Mutter
Mauer
zwischen Geschwistern
jeder auf seiner Seite
Berlin

Unsichtbare Mauer
steiler
härter
länger

die Mauer aus Rücken

Fernsehgedichte

1

Napalm-Lazarett

Am Rande des Schlafs
tauchen sie auf
Köpfe
sie schwimmen
auf dem Traumwasser
auf den Bettdecken
ein Horizont von Sterbenden
Köpfe mit großen Augen
›Kriege werden mit Menschen geführt‹
sie sehen mich an
Augen

Kein Himmel hat die Blässe
klagender Augen

Brennende Stadt. (Beirut)

Die brennende Stadt
brennt lautlos
Ich sehe sie jeden Abend
mit immer neuen Namen
der Ansager
vorläufig
sagt Abend für Abend den einen
Ich kann das abstellen
vorläufig
Zumindest im Wachen

Abschaffung des Befehlsnotstands: Perspektive

> Nichts hat mich so verwirrt wie eine Taube
> gurrend auf einem Zweig zwischen Insel und Fluß.
> Ihr Hals war kupfergrün...
>
> *Ali Ben Hism (994–1063)*

Nichts hat mich so verwirrt wie eine Taube
Ein Taubenschnabel drückt den Hebel nieder
um ein Korn
um ein Linsengericht
Esau
um eine Linse
Ihr Hals war kupfergrün
die unwissende Taube
Abels Feuer brannten
er röstete Tauben
Gott aß die Tauben
Abels Opfertauben
gemästet an Kains Korn

Gemästet an Kains Korn
Tauben
drücken die Hebel
der Elek-
tronik
Kains Körner
Taubenschnäbel
Elektronenbefehl
ihr Hals war kupfergrün

wo keiner die Hand hebt
die arbeitende Taube
genau
scharfäugig
lidlos
sanfte Tauben schillerndes Gefieder
von Kain gefüttert
taubenblau
von Kain Liebesvogel
nichts hat mich so verwirrt
an den Hebel gesetzt von Kain gefüttert
alle Abel kein Kain
alle Kain

Menschenmordende
ihr Hals war kupfergrün
wo keiner die Hand hebt
Taube
den Schnabel senkt
blaue Taube schillernd
Taubenschnäbel
lösen Kontakt aus

Fließband
alles fließt
Blut kann fließen Gas kann fließen
Taube
gurrender Täter
pickend
Hebel lösend
Kains Korn

Taube
das Weltgericht
Taube
Heiliger Geist
Botschafter Taube
Friß das Korn nicht Bruder Taube
Kains Korn
picke nicht
auf den Hebel
scharfäugige
mit deinem schillernden Hals

Die Vision stützt sich auf
mit Tauben betriebene Sortierungsvorgänge
in Fabriken der USA.

Zur Interpunktion

Weil sich die Neger
fürchten
weil sich die Weißen
fürchten
fürchten meine Worte
ein einfaches Komma
eingesperrt zwischen Satzzeichen
offene Fenster
offene Zeilen
meine Worte haben Angst
vor dem Verrat
des Menschen
an dem Menschen
versuche
ihn nicht
lasse alle Türen
offen
presse uns nicht
uns Wolken

Vorsichtshalber

Der Herbst kommt
wir müssen Löwen an die Leine nehmen

Niemand kommt uns zu nah
wenn wir die richtigen Haustiere haben
Größeres als der Mensch
wenn es auf den Hinterbeinen steht

Wer den Hund zurückbeißt
wer auf den Kopf der Schlange tritt
wer dem Kaiman die Augen zuhält
der ist in Ordnung

Ausbruch von hier

Für Paul Celan, Peter Szondi, Jean Améry,
die nicht weiterleben wollten

Das Seil
nach Häftlingsart aus Bettüchern geknüpft
die Bettücher auf denen ich geweint habe
ich winde es um mich
Taucherseil
um meinen Leib
ich springe ab
ich tauche
weg vom Tag
hindurch
tauche ich auf
auf der andern Seite der Erde
Dort will ich
freier atmen
dort will ich ein Alphabet erfinden
von tätigen Buchstaben

Älter werden
Antwort an Christa Wolf

> *»Du weinst um das Nachlassen ... und, so*
> *unglaublich es sein mag, den unvermeidlichen*
> *Verfall der Sehnsucht.«*
> *(»Kindheitsmuster«)*

1

Die Sehnsucht
nach Gerechtigkeit
nimmt nicht ab
Aber die Hoffnung

Die Sehnsucht
nach Frieden
nicht
Aber die Hoffnung

Die Sehnsucht nach Sonne
nicht
täglich kann das Licht kommen
durchkommen

Das Licht ist immer da
eine Flugzeugfahrt reicht
zur Gewißheit

Aber die Liebe

der Tode und Auferstehungen fähig

wie wir selbst
und wie wir

der Schonung bedürftig

2

Gegen die Angst vor dem Mitmensch
›Der Mensch ist dem Menschen ein Gott‹
das Veronal in der Tasche

3

Hand in Hand mit der Sprache
bis zuletzt

Abel steh auf

Abel steh auf
es muß neu gespielt werden
täglich muß es neu gespielt werden
täglich muß die Antwort noch vor uns sein
die Antwort muß ja sein können
wenn du nicht aufstehst Abel
wie soll die Antwort
diese einzig wichtige Antwort
sich je verändern
wir können alle Kirchen schließen
und alle Gesetzbücher abschaffen
in allen Sprachen der Erde
wenn du nur aufstehst
und es rückgängig machst
die erste falsche Antwort
auf die einzige Frage
auf die es ankommt
steh auf
damit Kain sagt
damit er es sagen kann
Ich bin dein Hüter
Bruder
wie sollte ich nicht dein Hüter sein
Täglich steh auf
damit wir es vor uns haben
dies Ja ich bin hier
ich
dein Bruder

Damit die Kinder Abels
sich nicht mehr fürchten
weil Kain nicht Kain wird
Ich schreibe dies
ich ein Kind Abels
und fürchte mich täglich
vor der Antwort
die Luft in meiner Lunge wird weniger
wie ich auf die Antwort warte

Abel steh auf
damit es anders anfängt
zwischen uns allen

Die Feuer die brennen
das Feuer das brennt auf der Erde
soll das Feuer von Abel sein

Und am Schwanz der Raketen
sollen die Feuer von Abel sein

ÜBERTRAGUNGEN

Zu den Übertragungen

Giuseppe Ungaretti, aus ›Il taccuino del vecchio‹, *1952–1960*, Milano: Mondadori 1960; übertragen, Krankenhaus Catania, Oktober 1962 (von »Letzte Chöre für das Verheißene Land« die Nummern 1, 3, 4, 5, 6, 7, 8, 9, 10, 11, 12, 13, 14, 16, 17, 21, 22, 24, 25). Mit Genehmigung des Verlags Mondadori.

Giuseppe Ungaretti, Soldati, aus: *L'allegria*, Mailand: Mondadori 1931. Mit Genehmigung des Verlags Mondadori.

Pierre Emmanuel, aus *La Colombe III, Pentecôte 1942*. Fribourg: Edition de la Librairie de l'Université 1943; Teilübertragung.

Charles Olson, *A newly discovered ›homeric‹ hymn*, aus: *The Distances*, New York: Evergreen 1960. (»Collected Poems of Charles Olson«, © 1987 by The Regents of the University of California. Mit Genehmigung der University of California Press, Berkeley, Ca.)

Amir Gilboa, englische Übertragung von Stephen Mitchell *(Darkness; The Horses; In the Dark)*. Mit Genehmigung von Acum Ltd., Tel Aviv.

Denise Levertov, *Claritas; September 1961*, aus: *O Taste and See*, New York: New Directions s. d. (»Poems 1960 1961«, © by Denise Levertov-Goodman. Mit Genehmigung von New Directions Publishing Corp., New York.

Jorge Carrera Andrade, *Vocación terrena; Arboles del río Amazonas*, aus: *Vocación terrena*, Caracas: Arbol del Fuego 1972.

Giuseppe Ungaretti

Aus ›Tagebuch des alten Mannes‹

Letzte Chöre für das Verheißene Land

Angeleimt ans Heute
die Tage der Vergangenheit
wie die kommenden.

Jahre und Jahrhunderte entlang
jeder Augenblick ein Staunen
daß wir noch hier sind, Lebende,
daß Leben davonläuft immer und immer,
unerwartet Qual und Geschenk
in dieser nie ruhenden Mühle
nutzlosen Wechsels.

Bestimmt von unserm Geschick
ist meine Reiseroute.
In einem Atemholen
grabe ich aus und erfind ich
alle Zeit die war und die sein wird.
Heimatlos wie die andern
die lebten, die leben, die leben werden.

*

Wenn ein Tag dich verläßt,
denk an den nächsten der aufgeht.

Immer ist voller Versprechen Geburt,
wenn noch so qualvoll.
Und dies sei die Lehre jedes einzelnen Tags,

daß im sich Finden, sich Lösen oder Dauern
die Tage nichts sind als ziehender Rauch.

*

Wir fliehen zu einem Ziel:
ist einer da, der es kennt?

Nicht von Ithaka träumen wir
verloren auf hoher See.
Unser Blick geht zum Sinai hin über Wüsten
zählend die glanzlosen Tage.

*

Wir durchqueren die Wüste, den Schimmer
eines alten Bilds auf der Netzhaut.

Mehr weiß kein Lebender
von dem Verheißenen Land.

*

Zum Unendlichen, wenn die Reise dauerte,
würde es keinen Augenblick dauern, und der Tod
kommt nur einen Herzschlag eher.

Ein abgebrochener Augenblick,
mehr dauert nicht ein Leben auf dieser Erde:

Wenn es abbricht auf der Höhe eines Sinai,
wird den Bleibenden das Gesetz erneuert,
das Ziel wird wieder schmerzhaft deutlich.

*

Schiebt die eine deiner Hände das Unglück fort,
entdeckt dir die andre
daß nichts da ist als Schutt.

Ist, den Tod überleben, leben?

Deine eine Hand verweigert sich dem Geschick,
aber die andere, siehst du, bringt es dir bei,
daß du nichts greifen kannst
als Krumen von Erinnerung.

*

Oft frage ich mich,
wie du vorher warst, wie ich war.

Waren wir vielleicht in Schlaf befangen?
Was wir taten, damals,
war es von Schlafwandlern getan?

Wir sind schon fern, umkreist vom eigenen Echo,
und während du von neuem in mir widerhallst,
hör ich mit an, wie du aus einem Schlafe aufstehst
in dem wir lange vorgesehen waren.

*

Jedes Jahr, wenn ich entdecke, daß der Februar
empfindsam ist und nur aus Scham so trübe,
bricht mit ihrem kleinen Blühen

gelb herein die Mimose. Sie kommt
an das Fenster meines Hauses von damals,
des Hauses hier wo ich das Alter verbringe.

Während ich mich schon dem großen Schweigen nahe,
ist dies das Zeichen, daß nichts stirbt,
daß stets von allem die Erscheinung wiederkehrt?

Oder werd ich, endlich, lernen, daß der Tod
Gewalt nicht hat als über die Erscheinung.

*

Dieses Bangen, von dir in meine Augen geheimnist,
durch das ich nichts sehe als das unruhige Hin und Her
deiner erinnernden Glieder
in deinem einsamen nächtlichen Liegen,
verfinstert mein gewohntes Dunkel
bis ich nichts bin als Nacht,
in stummem Schrei, Nacht.

*

Nebel, alles trübend, ist deine Abwesenheit,
Hoffnung, die die Hoffnung verbraucht.

Fern von dir höre ich nicht mehr an den Ästen
die Blätter wispern
aus ihren jungen Kehlen,
wenn du mir den Frühling einbrennst
in mein abgezehrtes Fleisch.

*

Der West spürt an seiner dunkelnden Schulter
Blutflecken, die sich ausdehnen,
die, aus der Tiefe erinnerter Nächte
zurückgeholt, im Leeren
rasch sich voneinander trennen,
alleine weiter bluten.

*

Geheime Rose, die sich öffnet über dem Abgrund,
zitternd erinnre ich
wie du zu duften beginnst
während die Klage hochsteigt.

Das herbeibeschworene Wunder taucht
die Nacht mir in die von damals
als dich lassend und fangend
ich fortschritt von Freiheit zu Freiheit,
zu immer glühenderem Tun,
mich blind in dir festbiß.

*

Steigendem Licht gleich,
Scheitel des Lichts
ist die Liebe.

Wenn um einen Atemzug
dies Licht seinen Süd verliert,
nenn es schon Tod.

*

Von diesem Stern zum nächsten
kreist die Nacht
in unausmeßbar leerem Kerker.

Von dieser Einsamkeit eines Sterns
zu jener Einsamkeit eines Sterns.

*

Ungesehenes Leuchten strahlender
Räume, wo ihr unerinnert
Leben die Sterne verbringen
schreiend vor Einsamkeit.

*

Kann es sein, daß du noch einmal,
ohne Hintergedanken, Kind wirst?

Mit Augen, die anderes nichts sehen
als, funkelnd von Licht,
die keusche Bewegtheit der Quelle.

*

Ohne Lufthauch ist und erstickend der Abend,
wenn ihr, meine Toten, und die wenigen Lebenden
die ich liebe,
nicht zu mir kommt im Gedanken
bereit mir zu helfen
wenn ich an meiner Einsamkeit den Abend fühle.

*

Mit seinen blauen Fängen soll der Geier mich greifen
und auf der Höhe des Mittags
mich in die Wüste fallen lassen
den Raben zum Fraß.

Meine Schultern werden befreit vom Lehm,
säubern werden mich das Feuer,
die krächzenden Schnäbel,
das säuerliche Gebiß der Schakale.

Dann wird der Beduine
im Sande stochernd
es entdecken:
ein weißestes Skelett.

*

Erstickt vom Röcheln verschwindet es,
und kommt und kommt wieder, ganz von sich selbst be-
freit,
und immer tiefer hör ich es in mir,
immer lebendiger,
hell, liebend, mehr geliebt, furchtbar,
dein erloschenes Wort.

Wortloses Lied

1

Einer Taube übergab
die Sonne das Licht.

Gurrend kommt's,
wenn du schläfst, in deinen Traum.

Das Licht wird kommen,
insgeheim wird es da sein.

Gebieten wird es
ein großes Lichtmeer
bei deinem ersten Atemzug.

Schon beginnt es zu leuchten,
schon wogt es, dies Meer,
öffnet sich, wenn du träumst.

2

Es bringt nicht nur Entzücken,
das Licht das du in dir gefangen hältst...

Es schien dir zahm
aber es meinte es anders...

Sich plötzlich entfesselnd
schuf dies Meer einen Schlund...

Du schwanktest, der Flug
verlor sich in dir,
er sucht sich im Echo...

Das erbitterte Rufen
sprengt dir die Seele,
das Licht entweicht in den Tag...

Gesang für zwei Stimmen

Erste Stimme

Mein Herz ist grausam zu mir:
Es liebt und nirgend sonst fändest du ein Feuer
um wachzuhalten seinen immer neuen Schmerz:

Fern von deiner Liebe
erstickt vom Dunkel, wenn es plötzlich
auf dich die Augen heftet und du
um in seinen Abgrund zu schauen
es aushältst und zurückweichst, selbstvergessen,
trifft es der Blitz der Begierde,

das einzige Licht das aus seinem geheimen
Brande noch zuckt.

Zweite Stimme

Nichts mehr kann sich im Herz ihm hin und her bewegen.

Nichts mehr in seinem Herzen
außer den bittren Überfällen der Erinnerung

auf das zerschlissene Fleisch?

Auf immer

Ohne Ungeduld will ich träumen,
mich dieser Arbeit hingeben
die niemals enden kann.
Und nach und nach, über den
wiedergeborenen Armen
öffnen sich wieder die hilfreichen Hände.
In ihre Höhlen
kehren die Augen zurück und leuchten.
Und plötzlich, unversehrt,
bist du auferstanden. Und wie sonst
wird deine Stimme mich führen.
Auf immer sehe ich dich wieder.

Giuseppe Ungaretti

Soldaten

Wie das Blatt
am herbstlichen
Baum:
der Soldat.

(Bosco di Courton, Juli 1918)

PIERRE EMMANUEL

Die Taube

. . .
Wer als Mensch weint im Angesicht Gottes
und dessen sanfte Tränen das Menschenantlitz waschen,
der erträgt daß sie ihn bespucken und verhöhnen
beschämend seine Henker die ihm die Tränen neiden.
Sie durchforschen ihm Seele und Leib mit ihren
                              furchtbaren
Foltergeräten um aufzuspüren die geheime Formel
                             seines Menschseins.
(Sein Geheimnis das ist das Samenkorn das in die
                             Lüfte weht,
das ist die irre Taube die sät den Samen ins Meer,
das ist dieser zerrissene Vogel aus dem der Baum
seines Fluges ins helle Blau springt.)

                         . . . Die Hölle
hat keine Strafe zu vergeben so schlimm wie euren Haß.
Seid ihr's nicht müde, Henker, euch zu entmenschen
vergeblich? . . . Die Taube gewinnt gegen euch, sie ist
                             in eurer Seele,
sie macht ihr Nest
in euren folternden Händen die die Seele aus der
                             Seele martern.
Und eure Augen suchen sie noch blind
wenn sie nur noch ein Punkt ist in der brennenden Pupille
der tränenbestirnten Nacht die nicht zu Ende geht in euch.

. . .

Was für einen Siegesgesang bereitet ihr der Rache.
Welch eine Morgenröte über dem Blut, Liebe die
                                    keinen ausläßt.
Der Mensch, begreift es doch, der Mensch erscheint
                            und ist nicht aufzuhalten.
Seid ihr denn so erstarrt in eurer Angst
daß dieses dunkle Flügelschlagen in den Steinen
daß dieser große Atem der Toten, der um euch weht,
Vogel unknechtbarer Hoffnung, euch nicht aufreißt
mit seinem erschreckenden und strahlenden Morgen
zu dem allein die Toten führen, die Toten, diese getreuen
Beschützer der Zukunft in der Seele der Lebenden?

Pfingsten 1942.

CHARLES OLSON

Eine neu entdeckte ›homerische‹ Hymne

(für Jane Harrison, wenn sie noch lebte)

Willkommne und fürchte die Toten, die vom Leben
                               reden bis du blau
bist im Gesicht. Und du begreifst nicht was falsch ist
                                     daran.
Sie werden nicht blau sein, sie haben Tränen in ihren
                                  Augen,
sie werden dir so viel lebendiger sein
als wir andern, und sie fordern so viel, nicht von dir
aber vom Leben, sie weinen, ist es nicht so, sonst
ist mir's gleich, und du wirst die Erpressung fühlen
                              und nicht wissen
was ihnen sagen, alles vermengt sich.

Willkommne sie und gib acht, sie kommen von wo du
                                nicht warst,
sie kommen von wo du nicht kommen kannst, sie
                                kommen ins Leben
durch ein anderes Tor. Sie kommen von einem Ort
                              nicht leicht zu kennen
und bekannt nur denen die gestorben sind. Sie
                              bringen Samen,
berühre ihn nicht, berühre nicht den Krug von dem
                              sie trinken,
niemand darf den Krug berühren, niemand, wenn
                              ihre Zeit ist.

Willkommne sie und gib acht, wenn ihre Zeit ist. Gib
                                        acht und sei bereit
sie zu empfangen, sie bringen was die Lebenden
                                nicht entbehren können,
doch halte dich an die richtigen Regeln, tue das Vor-
                                geschriebene, lasse
den Faden fallen von der rechten Schulter. Und von
                                        deiner Stirn.
Und höre was sie sagen, hör auf ihr Gespräch, vernimm
jedes ihrer Worte – sie sind trunken von ihrem Krug,
                                        sie sprechen
wie kein Lebender spricht, sie haben die Samen in
                                ihrem Mund –
gib acht, hör zu.

Willkommne sie dafür, daß sie den Samen in ihrem
                                Munde haben, sie
sind trunken, du kommst nicht aus ohne Trunken-
                                sein, Samen nicht ohne das,
sie müssen sich vollsaugen mit dem Inhalt des Krugs,
                                bis alle vermengt sind.

Aber du, du lebst, du kannst nicht wissen, was ein
                                Same sein muß. Willkommne
und fürchte die Erde, woher die Toten kommen. Leben
gehört nicht der Erde. Die Toten gehören der Erde.
                                Willkommne und fürchte
die Erde, worin der Krug begraben liegt.

Grüße den Toten in des Toten Zeit. Er ist trunken
                                vom Krug.
Er spricht wie der Frühling spricht. Er will dich
                                betrügen. Du sollst

betrogen sein. Gehorche der Trunkenheit. Aber du
trinke nicht. Du mußt hören und sehen. Achtgeben.

Willkommne sie, laß sie allein. Laß sie. Der Trank ist
nicht der Deine,
ist nicht der Deine. Du kommst nicht
vom gleichen Ort, du leidest nicht wie die Toten leiden,
sie leiden nicht, sie sind süchtig, weil sie vom Krug
getrunken haben,
süchtig. Trinke nicht von dem Krug, berühre ihn nicht,
berühre nicht sie.

Fürchte die Toten. Willkommne sie. Sie lehren dich
Trunkensein.
Du hast deinen eigenen Ort, um zu trinken. Willkommne
und fürchte sie, wenn sie kommen.

Amir Gilboa

In der Dunkelheit

Wenn sie mir einen Stein zeigen und ich sage Stein,
sagen sie Stein.
Wenn sie mir einen Baum zeigen und ich sage Baum,
sagen sie Baum.
Aber wenn sie mir Blut zeigen und ich sage Blut,
sagen sie Farbe.
Wenn sie mir Blut zeigen und ich sage Blut,
sagen sie Farbe.

Pferde und Reiter

Die Lanzen der Reiter streiften den Himmel
und die Pferde waren sehr stolz darauf.
Ich malte die hohen und stolzen Pferde
ohne Reiter,
ohne Lanzen,
ohne Zaumzeug.
Und meine Pferde rasten wild übers Papier,
über Fußboden und Wände.
Nachher, als ich sie auf der Wiese freiließ,
wuchsen ihnen Flügel.

Und jetzt, wie sie am Himmel dahinziehen,
schreibe ich dies Gedicht zu ihrem Andenken.

Im Dunkeln

Ich schickte meine Hände ins Dunkel
und die Finger suchten nach Licht
zitternd vor Angst vor dem Ungewissen.

Ich sammelte daher meine Finger
nach innen, in die Handfläche;
sie begannen zufrieden zu stöhnen
wie junge Hunde an den Zitzen der Mutter.
Ihre Sicherheit war grenzenlos
im Innern der geballten Faust.

Danach tagte es.

Denise Levertov

Claritas

1

Der 24Stundenvogel, der Künstler,
Weißkehlchen,
versuchend
in Hoffnung und
gutem Glauben seine
Noten immer präziser zu machen
immer näher hin
zu dem Erkannten.

2

Da ist die Voraussetzung
und die Entwicklung.
Der Weg
wie das Eine aus dem Andern kommt.
Der 24Stundenvogel
wägt es ab.

3

Möge die erste Note
ganz rund sein
und alle folgenden
fein, so fein
wie ein Grashalm, hofft
der 24Stundenvogel.

4

Fein
wie ein Eidechsenschwanz,
wie ein Schnittlauch-
halm:
der *Schatten eines Unterschieds*
fallend zwischen
Note und Note,
eine *Haaresbreite*,
macht es.

5

Der Tau liegt auf den Weinblättern.
Mein Baum
ist hell von
Tagesanbruch.

6

Sonne
helle.
    Helle
hellhellhell.

September 1961

Dies ist das Jahr, in dem die Alten,
die großen Alten,
uns allein auf der Straße lassen.

Die Straße führt zum Meer.
Wir haben die Worte in unsern Taschen,
unklare Weisungen. Die Alten

haben das Licht ihrer Gegenwart fortgenommen,
wir sehen es sich fortbewegen über den Hügel
fort und zur Seite.

Sie sterben nicht,
sie haben sich zurückgezogen
in ein schmerzendes Alleinsein,

wo sie lernen, ohne Worte zu leben.
E. P.: ›Es fühlt sich an wie Sterben‹ – Williams: ›Ich
kann es euch nicht beschreiben, was

mir zugestoßen ist‹ –
H. D.: ›Unfähig zu sprechen.‹
Die Dunkelheit

verwebt sich mit dem Wind, die Sterne
sind klein, der Horizont
umstellt mit dem Widerschein der Städte.

Sie haben uns gesagt
daß die Straße zum Meer führt
und sie haben die Sprache

uns in die Hand gegeben.
Wir hören
unsere Schritte, sooft ein Lastwagen

vorüberrattert und uns
in neuem Schweigen zurückläßt.
Wir können es nicht erreichen,

das Meer, auf dieser endlosen
Straße zum Meer, außer
man biege am Ende zur Seite, so scheint es,

und folge
der Eule, die lautlos darüber
hingleitet, hin und zurück

und fort in die tiefen Wälder.

Aber für uns rollt
sich die Straße auf, wir zählen
die Worte in unsern Taschen, wir wundern uns

wie es ohne sie sein wird, wir
hören nicht auf zu gehen, wir wissen,
wir haben es weit, und manchmal

denken wir der Nachtwind
rieche ein wenig nach Meer . . .

JORGE CARRERA ANDRADE

Beruf auf Erden

Ich bin nicht in diese Welt gekommen um sie zu verspotten
sondern um alles Lebende mit Leidenschaft zu lieben.
Ich bin nicht gekommen um die Menschen zu verspotten
sondern um mit ihnen die Abenteuer dieser Erde

zu bestehen.

Ich bin nicht gekommen die Insekten zu beschimpfen,
die Schwären der Sonnenuntergänge zu entblößen,
um das Licht in einen Käfig zu sperren.
Nicht gekommen auf die Äcker Salz zu streuen.

Ich bin nicht gekommen um zu sagen, daß die Giraffe
ein besserer Schwan sein möchte, und daß die Fichten
dekorative Versatzstücke zwischen den Felsen sind.
Ich bin nicht gekommen die Nester zu zerstören.

Ich bin gekommen der Welt ins Innerste zu sehen
und einfach die Dinge zu streicheln,
einziges Erbteil der Menschen.
Ich bin nicht gekommen den Tod zu verspotten.

400

Bäume vom Amazonas

Bäume mit der Aschenrinde
    ich grüße euch
Väter der Hängematte
und des Netzes
Gewürzbäume
Pfeffer- und Zimtbäume
Giganten des Planeten
riesige Schattenfabriken.

Holz aus Stein
Eisenholz
Welt aus Holz
Menschen aus Holz
der Spur folgend
der geheimnisvollen Seekuh
des bebrillten Kaimans
des Stundenvogels
der blaue Eier legt.

Fettgewordene Bäume
alte mit ausgetrockneten Venen
Baumkinder
Bäume
Bäume
mit ihren Füßen im Wasser
Heimat des elektrischen Fischs

und der Boa
die von den Schultern
des Baummädchens hängt.

Gelbe Bäume
mit großen Kugelfrüchten
die die weißen Geier plündern
und die Affen die weinen
bei der Flucht der Sonne
mit ihrem Gefolge
von rosa Ibissen.

Jeden Morgen
wird das Bankett
des Überflusses gefeiert
Hochzeit des Amazonas
riesiges Fest
bereitet von den Bäumen
für Millionen von Vögeln
im Leuchten
eines Universums
aus Schatten Wasser und Holz.

Hilde Domin

Für Vicente Aleixandre*

Du warst der erste Dichter
den ich in Europa sah,
der dritte deiner Generation,
und ich habe endgültig begriffen
daß die Dichter Kinder sind
und noch die Wilden unter ihnen
sind nichts als Kinder.
Und du von diesen Kindern
das bescheidenste,
angebunden wie du warst
mit einem kurzen Seil
an das langsame Wachsen des Baums
den du im Hofe deines Hauses pflanztest
nach dem Verstummen
der Kanonen und der Freunde.

* Rückübersetzt aus dem Spanischen.
  Nach dem Tode von Vicente Aleixandre geschrieben.

Verzeichnis der Gedichtüberschriften

Verzeichnis der Gedichtanfänge

415

416

Inhalt

Von Hilde Domin erschien:

LYRIK

NUR EINE ROSE ALS STÜTZE.
S. Fischer, 1959, 25. bis 26. Tsd. 1988
RÜCKKEHR DER SCHIFFE.
S. Fischer, 1962, 12. bis 13. Tsd. 1985
HIER.
S. Fischer, 1964, 11. Tsd. 1986
ICH WILL DICH.
Piper, 1970, 12. Tsd. 1985
HÖHLENBILDER.
Gedichte 1951–1952.
Mit Ätzungen von Heinz Mack, 1968.
Duisburg: G. Hildebrandt Verlag.
Hundertdruck IV. (Vergriffen)
TRAUM I.
Mit Originalgraphiken von Sascha Juritz.
Dreieich: pawel pan presse 1981.
(500 numerierte und signierte Exemplare)

PROSA

DAS ZWEITE PARADIES. Roman.
Piper, 1968. Überarbeitete Neuauflage 1986, 6. Tsd.
DIE ANDALUSISCHE KATZE. Erzählung.
Mit Linolschnitten von Axel Hertenstein.
Stierstadt: Verlag Eremiten-Presse 1971.
(500 numerierte und signierte Exemplare)
(Neuauflage: 1.–7. Tsd. 1971)
VON DER NATUR NICHT VORGESEHEN.
Autobiographisches.
Serie Piper 90, 1974, 20. Tsd. 1988

ABER DIE HOFFNUNG.
Autobiographisches. Aus und über Deutsch-
land. *Piper, 5. Tsd. 1982, Serie Piper 703, 1987*

THEORIE

WOZU LYRIK HEUTE.
Dichtung und Leser in der gesteuerten Gesellschaft.
Piper paperback 1968; Serie Piper 65,
Neuausgabe 1975, 17. Tsd. 1981
»Der große Beitrag von Hilde Domin«, Robert
Minder *(Wozu Literatur, 1971, S. 160)*

EDITIONEN

DOPPELINTERPRETATIONEN.
Das zeitgenössische deutsche Gedicht zwischen
Autor und Leser.
Athenäum, 1966; Fischer Taschenbuch 1060,
1969; 73. Tsd. 1986
Gesamtauflage 83 000
NACHKRIEG UND UNFRIEDEN.
Gedichte als Index 1945–1970. Neuwied:
Luchterhand 1970, Sammlung Luchterhand 7.
(Vergriffen)
SPANIEN ERZÄHLT
Fischer Taschenbuch 1799, 1963; 1977
Gesamtauflage 70 000 (vergriffen)
NELLY SACHS. GEDICHTE
Bibliothek Suhrkamp 549, 1977; 10. Tsd. 1986

HEIMKEHR INS WORT.
Materialien zu Hilde Domin.
Herausgegeben von Bettina v. Wangenheim
Fischer Taschenbuch 5769, 1982